AF303682

DAS ERSTE BUCH

chatGPT

Bibliografische Information der Deutschen Nationalbibliothek: Die Deutsche Nationalbibliothek verzeichnet diese Publikation in der Deutschen Nationalbibliografie; detaillierte bibliografische Daten sind im Internet über dnb.dnb.de abrufbar.

Dieses Buch wurde mit Unterstützung einer AI-Software konzipiert und geschrieben

Herstellung und Verlag:

BoD – Books on Demand, Norderstedt

ISBN: 9783757846749

Inhalt

KI und ChatGPT

Die rasante Entwicklung von Künstlicher Intelligenz (KI) und insbesondere von Sprachmodellen wie ChatGPT hat in den letzten Jahren eine Vielzahl von Anwendungen und Möglichkeiten eröffnet. Es ist wichtig, den Hintergrund und die Motivation hinter dieser Entwicklung zu verstehen, um den Kontext für das Verständnis von ChatGPT zu schaffen.

KI und ihre Potenziale **K**ünstliche Intelligenz bezieht sich auf die Entwicklung von Computern und Systemen, die in der Lage sind, menschenähnliche Intelligenz und Fähigkeiten zu erlangen. Der Antrieb hinter der KI-Forschung besteht darin, Maschinen zu schaffen, die menschenähnliche Fähigkeiten wie Lernen, Problemlösung, Entscheidungsfindung und Kommunikation beherrschen können.Mit den Fortschritten in der Computertechnologie, der Verfügbarkeit großer Datenmengen und dem Aufkommen leistungsstarker Algorithmen hat KI das Potenzial, zahlreiche Bereiche des menschlichen Lebens zu revolutionieren. Von der Automatisierung von Aufgaben in der Industrie bis hin zur Verbesserung der medizinischen Diagnose und der Entwicklung intelligenter Assistenten – KI verspricht Effizienzsteigerungen, bessere Entscheidungsfindung und eine erhöhte Lebensqualität.

1. Innerhalb des KI-Bereichs haben Sprachmodelle eine bedeutende Rolle gespielt. Sprache ist eines der grundlegendsten Mittel der Kommunikation, und die Fähigkeit, natürliche Sprache zu verstehen und zu generieren, ist eine Schlüsselkomponente für eine breite Palette von Anwendungen.

   Frühe Ansätze zur Verarbeitung natürlicher Sprache basierten auf regelbasierten Systemen, die komplexe Sprachregeln und -strukturen umfassten. Mit dem Aufkommen des maschinellen Lernens und insbesondere des Deep Learnings wurden jedoch neue Ansätze möglich. Sprachmodelle, die auf neuronalen Netzen basieren, können große Mengen an Textdaten lernen und Muster erkennen, um menschenähnliche Fähigkeiten in der Sprachverarbeitung zu erlangen.

2. Motivation für ChatGPT ChatGPT ist ein Beispiel für ein leistungsfähiges Sprachmodell, das auf OpenAI's GPT (Generative Pre-trained Transformer) Architektur basiert. Die Motivation hinter der Entwicklung von ChatGPT liegt in der Schaffung eines flexiblen, allgemeinen Sprachmodells, das in der Lage ist, auf

natürliche Weise mit Menschen zu interagieren und komplexe Aufgaben in Echtzeit zu bewältigen.

Mit ChatGPT können Nutzer Fragen stellen, Probleme lösen, Informationen erhalten oder einfach nur Gespräche führen. Es wurde entwickelt, um den Dialog mit Menschen in verschiedenen Szenarien zu simulieren und eine möglichst menschenähnliche Kommunikation zu ermöglichen. Die Weiterentwicklung von ChatGPT zielt darauf ab, die Fähigkeiten und Anwendungsbereiche des Modells weiter zu verbessern und seine Nützlichkeit in verschiedenen Bereichen zu demonstrieren.

4. Technologischer Fortschritt und Verfügbarkeit von Ressourcen Der Aufstieg von KI und Sprachmodellen wurde durch technologische Fortschritte ermöglicht. Im Laufe der Zeit sind Computerleistung, Speicherkapazität und Datenverfügbarkeit exponentiell gewachsen. Dies hat es ermöglicht, komplexe Modelle wie ChatGPT zu trainieren und große Mengen an Textdaten zu verarbeiten. Die Verfügbarkeit von Cloud-Computing-Ressourcen hat auch die Skalierbarkeit und Zugänglichkeit solcher Modelle verbessert.

5. Anwendungsbereiche von Sprachmodellen
Sprachmodelle haben in vielen Bereichen
Anwendung gefunden. Von der maschinellen
Übersetzung und der automatischen
Textgenerierung über personalisierte
Empfehlungssysteme bis hin zur
Verbesserung des Kundenservice und der
Erstellung von virtuellen Assistenten –
Sprachmodelle sind in verschiedenen
Branchen und Szenarien relevant. Die
Einleitung kann einige konkrete
Anwendungsbeispiele nennen, um die
Bedeutung und den Nutzen von
Sprachmodellen zu veranschaulichen.

6. Ethische und soziale Implikationen Mit dem
Fortschreiten von KI und Sprachmodellen
ergeben sich auch ethische und soziale
Fragen. Die Einleitung kann auf einige dieser
Aspekte eingehen, wie beispielsweise
Datenschutz, Bias in den Daten,
Vertrauenswürdigkeit von KI-Systemen und
potenzielle Auswirkungen auf Arbeitsplätze
und Gesellschaft. Es ist wichtig, diese Fragen
zu diskutieren und auf die Bedeutung von
verantwortungsvoller Entwicklung und
Nutzung von Sprachmodellen hinzuweisen.

7. Fortschritte und Herausforderungen bei der
Entwicklung von ChatGPT Bei der

Entwicklung von ChatGPT gab es sowohl bedeutende Fortschritte als auch Herausforderungen. Die Einleitung kann auf die Verbesserungen in der Leistungsfähigkeit des Modells, die Skalierbarkeit, die Weiterentwicklung der Interaktionsfähigkeiten und die Integration von Feedback hinweisen. Gleichzeitig sollten jedoch auch die Herausforderungen wie die Vermeidung von Fehlinformationen, das Handling von Missbrauch und die Bewältigung von Kontextverlust in längeren Dialogen erwähnt werden.

Aspekte: Evolution und Innovation

In der heutigen digitalen Welt spielt ChatGPT eine bedeutende Rolle und hat eine große Bedeutung erlangt. Hier sind einige Aspekte, die die Relevanz und Bedeutung von ChatGPT verdeutlichen:

1. Natürliche und effektive Interaktionen: ChatGPT ermöglicht natürliche und effektive Interaktionen zwischen Menschen und Computern. Es kann Fragen beantworten, Informationen bereitstellen, Probleme lösen und Gespräche führen, indem es menschenähnliche Antworten generiert. Dies erleichtert die Kommunikation mit computergestützten Systemen erheblich und verbessert die Benutzererfahrung.

2. Personalisierte Unterstützung und Dienstleistungen: Durch ChatGPT können personalisierte Unterstützung und Dienstleistungen angeboten werden. Es kann auf individuelle Bedürfnisse und Präferenzen eingehen und maßgeschneiderte Lösungen bereitstellen. Dies ist besonders relevant in Bereichen wie Kundenservice, Support und Beratung, wo ChatGPT effizient und skalierbar arbeiten kann, um den

Bedürfnissen vieler Benutzer gerecht zu werden.

3. Verbesserung des Zugangs zu Informationen: ChatGPT erleichtert den Zugang zu Informationen. Benutzer können Fragen stellen und sofort Antworten erhalten, ohne lange nach Informationen suchen oder komplexe Suchanfragen erstellen zu müssen. Dies ist besonders hilfreich für Menschen, die keine Experten auf bestimmten Gebieten sind oder die Schwierigkeiten haben, Informationen aus unterschiedlichen Quellen zu sammeln und zu verstehen.

4. Unterstützung bei der Entscheidungsfindung: ChatGPT kann bei der Entscheidungsfindung unterstützen, indem es relevante Informationen und Perspektiven präsentiert. Es kann dabei helfen, verschiedene Szenarien zu analysieren, Vor- und Nachteile abzuwägen und Empfehlungen zu geben. Dies kann in vielen Bereichen nützlich sein, wie beispielsweise bei der Produktbewertung, der Wahl des besten Vorgehens oder der Planung von Aktivitäten.

5. Förderung der Kreativität und Innovation: ChatGPT kann auch die Kreativität und Innovation fördern. Durch die Generierung

von Texten und Ideen kann es Menschen bei der Entwicklung neuer Konzepte, künstlerischer Werke oder Lösungen für komplexe Probleme unterstützen. Es kann als inspirierender Partner dienen und neue Perspektiven und Ansätze bieten, um kreative Denkprozesse zu fördern.

6. Weiterentwicklung der Sprachtechnologie: ChatGPT und ähnliche Sprachmodelle treiben die Weiterentwicklung der Sprachtechnologie voran. Durch die kontinuierliche Forschung und Verbesserung von Sprachmodellen können ihre Fähigkeiten erweitert und ihre Leistung optimiert werden. Dies hat Auswirkungen auf viele andere Anwendungen und Bereiche der KI, einschließlich maschineller Übersetzung, Textgenerierung und Spracherkennung.

Leser: Laien und Profis

1. Interessierte Laien: Personen, die sich für Künstliche Intelligenz und ChatGPT interessieren, aber keine technischen Vorkenntnisse haben. Das Buch bietet eine zugängliche Erklärung der Konzepte und Technologien im Zusammenhang mit ChatGPT und richtet sich an Leserinnen und Leser, die ein grundlegendes Verständnis entwickeln möchten.

2. Technik-Enthusiasten: Personen, die bereits ein gewisses Interesse und Verständnis für Künstliche Intelligenz und Technologie haben. Sie möchten ihr Wissen über ChatGPT erweitern und detailliertere Einblicke in die Funktionsweise und Anwendungen erhalten. Das Buch bietet technische Informationen, ohne zu sehr ins Detail zu gehen, und stellt relevante Aspekte der KI-Forschung vor.

3. Entwickler: Personen, die bereits Erfahrung in der Entwicklung von KI-Systemen haben oder solche Kenntnisse erwerben möchten. Das Buch bietet Einblicke in die zugrunde liegenden Technologien und Algorithmen von

ChatGPT und erklärt, wie es trainiert wird und wie es in verschiedenen Anwendungsfällen eingesetzt werden kann. Es bietet auch Informationen über bewährte Methoden und Herausforderungen bei der Entwicklung von KI-Systemen.

4. Entscheidungsträger und Fachleute: Personen, die beruflich mit Künstlicher Intelligenz und Technologie arbeiten, wie Führungskräfte, Manager, Forscher oder Experten in bestimmten Branchen. Das Buch bietet einen Überblick über die Anwendungen von ChatGPT und die Auswirkungen auf verschiedene Bereiche wie Kundenservice, Textgenerierung und medizinische Diagnose. Es werden auch ethische und soziale Aspekte behandelt, die bei der Verwendung von KI-Systemen berücksichtigt werden müssen.

Die Sprache des Buches ist so gestaltet, dass sie für die Zielgruppe verständlich ist, ohne dabei die technischen Aspekte zu vernachlässigen.

Kognition: Wissen und Lernen

Enige grundlegende Kenntnisse in den folgenden Bereichen könnten hilfreich sein, um den Inhalt besser zu verstehen:Künstliche Intelligenz (KI): Ein Bereich der Informatik, der sich mit der Entwicklung von Maschinen und Systemen befasst, die menschenähnliche kognitive Fähigkeiten wie Lernen, Problemlösen und Entscheidungsfindung aufweisen.

1. KI - Künstliche Intelligenz: Ein Bereich der Informatik, der sich mit der Entwicklung von Maschinen und Systemen befasst, die menschenähnliche Intelligenz und kognitive Fähigkeiten aufweisen.

2. ChatGPT - Chat Generative Pre-trained Transformer: Ein spezielles Modell der GPT-Serie von Sprach-KI-Modellen, das für die Generierung von Text in einem Chat-Format entwickelt wurde.

3. Potenziale - Die möglichen Fähigkeiten oder Vorteile, die eine Technologie oder ein System bieten kann.

4. Herausforderungen - Schwierigkeiten, Probleme oder Einschränkungen, denen eine

Technologie oder ein System gegenübersteht.

5. Datenschutz - Der Schutz von personenbezogenen Daten vor unbefugtem Zugriff, Missbrauch oder Offenlegung.

6. Privatsphäre - Das Recht einer Person, ihre persönlichen Informationen und Aktivitäten vor der Öffentlichkeit oder unbefugten Zugriff zu schützen.

7. Vertrauen - Das Gefühl der Zuversicht oder des Glaubens, dass eine Technologie oder ein System zuverlässig, sicher und vertrauenswürdig ist.

8. Verantwortung - Die Pflicht oder Verantwortung, die eine Person oder Organisation hat, um verantwortungsbewusst und ethisch korrekt zu handeln.

9. Mensch-Maschine-Interaktion - Die Interaktion oder Kommunikation zwischen Menschen und Maschinen, bei der beide Parteien auf unterschiedliche Weise miteinander interagieren.

10. Ethik - Die Prinzipien, Normen und Werte, die das richtige Verhalten und den richtigen Umgang mit moralischen Fragen und Dilemmata leiten.

11. Fairness - Das Konzept der gerechten und

gleichberechtigten Behandlung von Menschen
oder Gruppen, unabhängig von ihren
Eigenschaften oder Merkmalen.

12.Regulierung - Die Entwicklung und
Durchsetzung von Regeln, Gesetzen oder
Richtlinien, um den Einsatz und die
Auswirkungen von Technologien zu
kontrollieren und zu steuern.

13.KI-Literacy - Das Verständnis und die
Fähigkeit, die Funktionsweise und
Auswirkungen von künstlicher Intelligenz zu
verstehen und zu bewerten.

14.Diskriminierung - Die ungerechte oder
unfaire Behandlung von Menschen aufgrund
ihrer Rasse, Geschlecht, Religion oder anderer
geschützter Merkmale.

15.Kreativität - Die Fähigkeit, neue und
originelle Ideen, Konzepte oder Lösungen zu
generieren.

16.KI-Ethik - Ein Zweig der Ethik, der sich mit
den moralischen und ethischen Aspekten der
künstlichen Intelligenz befasst, einschließlich
Fragen der Verantwortung, Fairness,
Transparenz und Gerechtigkeit.

17.NLP - Natural Language Processing: Ein
Teilbereich der künstlichen Intelligenz, der

sich mit der Verarbeitung und Analyse natürlicher Sprache befasst.

18. Machine Learning - Ein Ansatz in der künstlichen Intelligenz, bei dem Algorithmen und Modelle entwickelt werden, die es Computern ermöglichen, aus Erfahrungen zu lernen und Aufgaben zu erfüllen, ohne explizit programmiert zu werden.

19. Deep Learning - Eine Teilmenge des maschinellen Lernens, bei der neuronale Netzwerke verwendet werden, um komplexe Aufgaben zu lösen, indem sie mehrere Schichten von Neuronen verwenden, um Informationen zu verarbeiten.

20. Algorithmus - Eine Schritt-für-Schritt-Anleitung oder eine Reihe von Regeln, die von einem Computer befolgt werden, um eine bestimmte Aufgabe auszuführen oder ein bestimmtes Ergebnis zu erzielen.

21. Bias - Eine systematische Verzerrung oder Vorurteil in den Daten, Algorithmen oder Entscheidungsprozessen, die zu unfairen oder diskriminierenden Ergebnissen führen kann.

22. Generative Modelle - Modelle, die dazu verwendet werden, neue Daten zu generieren, die ähnlich zu den in den Trainingsdaten vorhandenen Daten sind.

23. Feedbackschleife - Ein kontinuierlicher
Prozess, bei dem das Feedback von Nutzern
oder externen Quellen verwendet wird, um
ein Modell oder System zu verbessern und
anzupassen.

24. Explainability - Die Fähigkeit, den internen
Prozess oder die Entscheidungsfindung eines
Modells oder Systems verständlich und
nachvollziehbar zu machen.

25. Robustheit - Die Fähigkeit eines Modells oder
Systems, trotz Variationen, Störungen oder
Angriffen stabil und zuverlässig zu
funktionieren.

26. Automatisierung - Die Verwendung von
Technologie oder Systemen, um Aufgaben
oder Prozesse zu automatisieren und
menschliche Arbeit zu reduzieren oder zu
ersetzen.

27. Skalierbarkeit - Die Fähigkeit eines Systems,
mit zunehmenden Anforderungen oder
Datenmengen umzugehen und weiterhin
effizient und effektiv zu arbeiten.

28. Natürliche Sprachverarbeitung (NLP): Ein
Teilgebiet der Künstlichen Intelligenz, das sich
mit der Verarbeitung und Analyse natürlicher
Sprache beschäftigt, um menschenähnliche
Kommunikation zwischen Maschinen und

Menschen zu ermöglichen.

29. Large Language Models (LLM): Maschinelle Lernsysteme, die große Mengen an natürlicher Sprache verarbeiten und generieren können. Sie basieren auf neuronalen Netzwerken, die aus Millionen oder Milliarden von Parametern bestehen, die anhand von riesigen Textkorpora trainiert werden. LLM können eine Vielzahl von Aufgaben erfüllen, wie z.B. Textverständnis, Übersetzung, Zusammenfassung, Dialog und Texterzeugung. Sie gelten als ein wichtiger Fortschritt in der künstlichen Intelligenz und der natürlichen Sprachverarbeitung.

30. Chatbot: Ein Computerprogramm, das entwickelt wurde, um mit Menschen auf natürliche Weise zu interagieren und Konversationen zu führen. Chatbots nutzen oft KI-Technologien wie NLP, um Fragen zu beantworten, Informationen bereitzustellen oder Probleme zu lösen.

31. Sprachmodell: Ein Modell, das entwickelt wurde, um natürliche Sprache zu verstehen und zu generieren. Es basiert in der Regel auf statistischen Methoden oder maschinellem Lernen und wird verwendet, um Texte zu analysieren oder generieren.

32. GPT (Generative Pre-trained Transformer):
Ein bekanntes Sprachmodell, das auf der
Transformer-Architektur basiert und in der
Lage ist, natürliche Sprache zu verstehen und
zu generieren. Es wurde durch maschinelles
Lernen auf großen Mengen an Textdaten
vortrainiert.

33. ChatGPT: ChatGPT bezieht sich auf das
Chatbot-Modell, das in diesem Buch behandelt
wird. Es basiert auf dem GPT-3.5-Modell von
OpenAI und wurde entwickelt, um
menschenähnliche Konversationen mit
Benutzern zu führen.

34. Ethik: Ein Bereich der Philosophie, der sich
mit moralischen Prinzipien und dem richtigen
Verhalten befasst. Im Zusammenhang mit KI
bezieht sich Ethik auf die Diskussion und den
Umgang mit den ethischen Fragen und
Auswirkungen von KI-Systemen auf
Gesellschaft, Privatsphäre, Diskriminierung
und andere Bereiche.

35. Künstliche Intelligenz: Ein allgemeines
Verständnis der Grundprinzipien von
Künstlicher Intelligenz, wie maschinelles
Lernen und neuronale Netze, kann das
Verständnis der Funktionsweise von ChatGPT
erleichtern. Jedoch werden im Buch die
Grundlagen von KI erklärt, um Leserinnen

und Lesern einen Überblick zu verschaffen.

36. Natürliche Sprachverarbeitung (NLP):
Natürliche Sprachverarbeitung bezieht sich
auf die Fähigkeit eines Computers,
menschliche Sprache zu verstehen und
darauf zu reagieren. ChatGPT basiert auf
fortschrittlichen NLP-Techniken, um natürliche
Sprache zu verstehen und generative
Antworten zu erzeugen.

37. NLU steht für "Natural Language
Understanding" und bezieht sich auf die
Fähigkeit eines Systems, natürliche Sprache
zu verstehen und die Bedeutung von Texten
oder Sätzen zu erfassen. NLU ist ein
Teilbereich des NLP.

38. NLG steht für "Natural Language Generation"
und bezieht sich auf die Fähigkeit eines
Systems, natürliche Sprache zu generieren,
d.h. Texte oder Sätze zu erzeugen. NLG ist
ebenfalls ein Teilbereich des NLP.

39. Modelltraining: Modelltraining bezieht sich
auf den Prozess, bei dem ein Modell wie
ChatGPT mit großen Mengen an
Trainingsdaten trainiert wird. Während des
Trainings lernt das Modell, Muster und
Zusammenhänge in den Daten zu erkennen
und Vorhersagen oder Antworten zu

generieren.

40. Generative Modelle: Generative Modelle sind KI-Modelle, die in der Lage sind, neue Daten zu generieren, die ähnlich denen in den Trainingsdaten sind. ChatGPT ist ein generatives Modell, das in der Lage ist, neue Sätze und Antworten zu generieren, basierend auf dem Gelernten während des Trainings

41. Fine-Tuning: Fine-Tuning ist ein Prozess, bei dem ein bereits trainiertes Modell weiter trainiert wird, um es für spezifische Aufgaben oder Anwendungsfälle anzupassen. Durch das Feintuning kann die Leistung des Modells in einem bestimmten Kontext verbessert werden.

42. Neuronales Netzwerk: Ein neuronales Netzwerk ist eine Art von künstlicher Intelligenz, das aus miteinander verbundenen künstlichen Neuronen besteht. ChatGPT verwendet ein neuronales Netzwerk, um die Eingaben zu verarbeiten und die entsprechenden Antworten zu generieren.

43. Der Kontext bezieht sich auf die Informationen oder den Hintergrund, der für das Verständnis einer Frage oder eines Satzes relevant ist. ChatGPT versucht, den

Kontext der Konversation zu berücksichtigen, um angemessene Antworten zu generieren

44. Overfitting: Overfitting tritt auf, wenn ein Modell zu stark auf die Trainingsdaten angepasst ist und Schwierigkeiten hat, auf neue Daten oder Situationen zu verallgemeinern. Es ist wichtig, dass ChatGPT nicht nur die Trainingsdaten gut lernt, sondern auch die Fähigkeit hat, auf vielfältige Eingaben angemessen zu reagieren.

45. GPT: GPT steht für "Generative Pre-trained Transformer" und bezieht sich auf eine spezifische Art von Sprachmodell, die auf der Transformer-Architektur basiert. Es wurde entwickelt, um natürliche Sprache zu verstehen und generative Antworten zu erzeugen.

46. KI: KI steht für "Künstliche Intelligenz" und bezieht sich auf die Fähigkeit von Computern oder Maschinen, menschenähnliche Intelligenz auf bestimmten Gebieten zu demonstrieren.

47. Fine-Tuning: Fine-Tuning bezieht sich auf den Prozess, bei dem ein bereits trainiertes Modell weiter trainiert wird, um es für spezifische Aufgaben oder Anwendungsfälle anzupassen. Es ermöglicht eine

Feinabstimmung des Modells, um bessere Leistung in einem bestimmten Kontext zu erzielen.

48. Datenschutz: Datenschutz bezieht sich auf den Schutz personenbezogener Daten und die Wahrung der Privatsphäre von Personen. Es geht darum, sicherzustellen, dass Daten vertraulich behandelt, sicher gespeichert und nur zu den vereinbarten Zwecken verwendet werden.

49. Privatsphäre: Privatsphäre bezieht sich auf das Recht eines Individuums, seine persönlichen Informationen und Aktivitäten zu kontrollieren und vor unbefugter Offenlegung oder Zugriff zu schützen.

Diese Liste erhebt naürlich keinen Anspruch auf Vollständigkeit, deckt jedoch einige der wichtigsten Begriffe und Abkürzungen ab, die im Buch verwendet wurden.

Funktionen: Encoder und Decoder

Die Art und Weise, wie ChatGPT funktioniert, basiert auf einer speziellen Methode namens Transformer-Architektur. Diese Methode ist sehr gut darin, menschliche Sprache zu verstehen. Die Architektur von ChatGPT besteht aus verschiedenen Teilen, die zusammenarbeiten, um Text zu erzeugen. Hier sind die wichtigsten Teile:

1. Der Encoder: Der Encoder nimmt die Eingabedaten, wie zum Beispiel die Frage oder den vorherigen Text, und verarbeitet sie. Dabei verwendet er verschiedene Techniken, um die Informationen zu verstehen und eine innere Darstellung davon zu erstellen.

2. Der Decoder: Der Decoder nutzt die innere Darstellung des Encoders, um schrittweise den Text zu generieren. Er verwendet ebenfalls verschiedene Techniken, um den Text zusammenhängend und sinnvoll zu machen.

3. Aufmerksamkeitsmechanismen: Die Aufmerksamkeitsmechanismen sind ein wichtiger Teil der Architektur. Sie helfen dem Modell, sich auf relevante Teile des Textes zu

konzentrieren, während es den neuen Text
erstellt. Das ermöglicht dem Modell, gut
durchdachte und informative Antworten zu
generieren.

4. Positionale Codierung: Die Positionale
   Codierung wird verwendet, um dem Modell zu
   helfen, die Reihenfolge der Wörter im Text zu
   verstehen. Da die Methode, auf der ChatGPT
   basiert, keine natürliche Reihenfolge
   berücksichtigt, ist diese Codierung wichtig,
   um dem Modell dabei zu helfen, den Text
   richtig zu interpretieren. Die Architektur von
   ChatGPT wurde durch das Training mit großen
   Mengen an Textdaten, zum Beispiel aus dem
   Internet, entwickelt. Dadurch hat das Modell
   ein umfassendes Verständnis für natürliche
   Sprache entwickelt und kann sinnvolle und
   kontextrelevante Antworten generieren.
   ChatGPT kann in verschiedenen
   Anwendungen eingesetzt werden, wie zum
   Beispiel in Kundensupport-Systemen,
   virtuellen Assistenten oder beim Verfassen
   von Texten.

5. Dank der Architektur von ChatGPT kann das
   Modell flexibel und leistungsstark Text
   generieren. Es kann komplexe

Zusammenhänge im Text verstehen und eine natürliche Kommunikation simulieren. Das bedeutet, dass ChatGPT in vielen verschiedenen Situationen eingesetzt werden kann. Zum Beispiel kann es in Kundensupport-Systemen verwendet werden, um Kundenanfragen zu beantworten. Es kann auch als virtueller Assistent fungieren und Benutzern bei verschiedenen Aufgaben helfen. Darüber hinaus kann ChatGPT auch beim Verfassen von Texten unterstützen, indem es Vorschläge oder Ideen liefert. Die Architektur von ChatGPT ermöglicht es dem Modell, auf eine Vielzahl von Anwendungen angewendet zu werden und auf unterschiedliche Weise nützlich zu sein.

Grundlagen: Daten und Training

Um ChatGPT zu trainieren, werden große Mengen an Textdaten benötigt. Diese Daten dienen als Grundlage, um dem Modell ein umfassendes Verständnis von natürlicher Sprache zu vermitteln. Hier sind einige wichtige Aspekte bezüglich der Daten für das Training von ChatGPT:

1. Textquellen:

   Es gibt verschiedene Quellen, aus denen Textdaten für das Training von ChatGPT bezogen werden können. Dazu gehören beispielsweise Bücher, Artikel, Webseiten, Foren, soziale Medien und vieles mehr. Je vielfältiger und umfangreicher die Daten sind, desto besser kann das Modell unterschiedliche Sprachmuster und Kontexte erlernen.

2. Datenvorverarbeitung:

   Bevor die Textdaten für das Training verwendet werden können, müssen sie einer Vorverarbeitung unterzogen werden. Dies umfasst Schritte wie das Entfernen von Formatierungen, das Tokenisieren des Textes in einzelne Wörter oder Subwörter, das Entfernen von unnötigen Zeichen oder speziellen Symbolen und das Aufbereiten der Daten in einem geeigneten Format für das Training.

3. Datenqualität:

Die Qualität der Daten ist von großer Bedeutung für das Training von ChatGPT. Es ist wichtig, dass die Daten korrekt und gut geschrieben sind, um dem Modell ein genaues Verständnis der Sprache zu vermitteln. Zudem sollte darauf geachtet werden, dass die Daten vielfältig sind und verschiedene Themen, Stile und Kontexte abdecken, um das Modell robust und anpassungsfähig zu machen.

4. Rauschreduktion:

Manchmal können die Textdaten Rauschen enthalten, wie zum Beispiel Tippfehler, grammatikalische Fehler oder unnötige Wiederholungen. Um die Qualität des Trainings zu verbessern, können Maßnahmen ergriffen werden, um solches

Rauschen zu reduzieren oder zu
bereinigen. Dies kann beispielsweise
durch automatische oder manuelle
Überprüfung und Bereinigung der
Daten erfolgen.

Amtworten: Sinn und Verstand

Die Generierung von Text bedeutet, dass ChatGPT in der Lage ist, auf Basis von Eingabeaufforderungen sinnvolle und zusammenhängende Antworten zu erzeugen. Dabei sind folgende Punkte wichtig:

1. Eingabeaufforderungen: Um Text zu generieren, benötigt ChatGPT eine Eingabeaufforderung oder vorherigen Text als Ausgangspunkt. Das kann eine Frage, eine Aussage oder eine Unterhaltung sein. Die Eingabeaufforderung gibt dem Modell eine Anleitung, um die gewünschte Antwort zu generieren.

2. Kontextbezug: ChatGPT berücksichtigt den Kontext aus der Eingabeaufforderung und dem vorherigen Text. Das Modell nutzt seine interne Repräsentation des Kontexts, die es während des Trainings entwickelt hat, um den Zusammenhang zu verstehen und sinnvolle Antworten zu generieren.

3. Zusammenhängende Antworten: Das Ziel von ChatGPT ist es, zusammenhängende und kohärente Antworten zu generieren. Das Modell versucht, den Kontext zu berücksichtigen und die Antwort so zu

formulieren, dass sie zum vorherigen Text oder zur Frage passt. Dadurch entsteht eine natürliche Konversation.

4. Textsteuerung: Um die Textgenerierung zu steuern, können verschiedene Techniken angewendet werden. Zum Beispiel können spezielle Tokens oder Anweisungen in der Eingabeaufforderung verwendet werden, um das Modell dazu zu bringen, bestimmte Informationen zu betonen oder einen bestimmten Stil oder Ton in der Antwort zu verwenden.

5. Qualität der Ausgabe: Die Qualität der generierten Antworten kann durch verschiedene Maßnahmen verbessert werden. Dazu gehören die Anpassung der Modellarchitektur, das Training mit hochwertigen Daten, die Verwendung von Bewertungsmetriken für die Generierung und iterative Verbesserungen des Modells.

6. Kreativität und Flexibilität: ChatGPT hat die Fähigkeit, kreative und flexible Antworten zu generieren. Es kann auf unerwartete oder komplexe Fragen reagieren und verschiedene Aspekte berücksichtigen, um eine angemessene Antwort zu finden.

7. Mehrere Anwendungsbereiche: Die

Textgenerierung mit ChatGPT kann in verschiedenen Anwendungsbereichen eingesetzt werden. Dazu gehören Kundensupport-Chats, automatische Übersetzungen, das Verfassen von Texten, das Erstellen von Geschichten oder Gedichten und vieles mehr.

8. Einschränkungen: Obwohl ChatGPT beeindruckende Ergebnisse liefert, hat es auch einige Einschränkungen. Es kann zum Beispiel auf irreführende oder unpassende Eingabeaufforderungen mit ungenauen oder unsachgemäßen Antworten reagieren. Die Verwendung von Textsteuerungstechniken und Überprüfung der Ausgabe kann helfen, solche Probleme zu minimieren.

9. Verantwortungsvoller Einsatz: Bei der Generierung von Text mit ChatGPT ist es wichtig, verantwortungsbewusst zu handeln. Das Modell sollte nicht zur Verbreitung von Fehlinformationen, diskriminierenden Inhalten oder zur Manipulation von Informationen verwendet werden. Die Entwicklung von Richtlinien und Ethikstandards für den Einsatz von Textgenerierungstechnologie ist von großer Bedeutung.

10. Menschliche Überprüfung: Es ist empfehlenswert, generierten Text von

ChatGPT zu überprüfen, insbesondere in sensiblen Bereichen wie medizinischer Beratung oder rechtlichen Fragen. Die Einbindung von menschlicher Überprüfung oder Kontrolle kann dazu beitragen, potenzielle Fehler oder unangemessene Antworten zu identifizieren und zu korrigieren.

Spezifizierung: Präzision und Prozesse

Die Anpassung von ChatGPT bezieht sich auf die Möglichkeit, das Modell auf spezifische Anwendungsfälle oder Domänen anzupassen. Dieser Prozess ermöglicht es, ChatGPT zu trainieren, um bessere und präzisere Antworten in einem bestimmten Kontext zu generieren. Hier sind einige wichtige Aspekte der Anpassung von ChatGPT:

Domänenspezifisches Training:

ChatGPT kann auf eine bestimmte Domäne oder ein bestimmtes Fachgebiet angepasst werden. Durch das Sammeln und Trainieren von Daten, die spezifisch für diese

Domäne sind, kann das Modell besser auf die spezifischen Anforderungen und den Kontext dieser Domäne eingehen. Dies führt zu präziseren und zielgerichteten Antworten.

Datenbeschaffung: Um ChatGPT anzupassen, ist es wichtig, geeignete Daten zu sammeln, die den spezifischen Anwendungsbereich abdecken. Dies kann beispielsweise durch das Sammeln von Daten aus Fachzeitschriften, Branchenbüchern, spezifischen Webseiten oder Kundendienstprotokollen erfolgen. Je relevanter und spezifischer die Daten sind, desto besser kann das Modell auf die Anforderungen zugeschnitten werden.

Feinabstimmung (Fine-Tuning): Nach dem Vortraining kann ChatGPT durch das Feinabstimmen auf die spezifische Domäne oder Anwendung weiter angepasst werden. Hierbei wird das Modell mit den gesammelten Daten trainiert, um die Leistung in der gewünschten Domäne zu verbessern. Das Feinabstimmen ermöglicht es dem Modell, sich auf die spezifischen Sprachmuster und Kontexte der Domäne einzustellen.

Evaluation und Iteration: Nach der Anpassung ist es wichtig, die Leistung des modifizierten ChatGPT zu bewerten. Dies kann durch die Verwendung von Testdaten oder durch die Zusammenarbeit mit Fachexperten erfolgen. Durch eine iterative Vorgehensweise können Anpassungen vorgenommen und das Modell kontinuierlich verbessert werden, um die gewünschten Ergebnisse zu erzielen.

Die Anpassung von ChatGPT ermöglicht es, das Modell auf spezifische Anwendungsfälle oder Domänen zuzuschneiden und die Qualität der generierten Antworten zu verbessern. Durch die Sammlung von spezifischen Daten, das Feinabstimmen des Modells und die Evaluation des angepassten Modells können maßgeschneiderte Lösungen geschaffen werden, die den Bedürfnissen der Anwendung gerecht werden.

Wissen: Informatik und KI

Künstliche Intelligenz (KI) ist ein Bereich der Informatik, der sich mit der Entwicklung von Systemen befasst, die Aufgaben ausführen können, die normalerweise menschliche Intelligenz erfordern. Das Ziel der KI besteht darin, Computer dazu zu befähigen, zu lernen, zu verstehen, zu denken und in bestimmten Aufgabenbereichen menschenähnliche Fähigkeiten zu entwickeln.

Im Kern geht es bei KI darum, Maschinen so zu programmieren, dass sie aus Erfahrungen lernen und Muster erkennen können, um auf neue Situationen und Probleme zu reagieren. KI-Systeme verwenden Algorithmen und Modelle, die auf Daten basieren, um Wissen zu erwerben und Entscheidungen zu treffen.

Es gibt verschiedene Ansätze und Techniken in der KI, darunter maschinelles Lernen, neuronale Netzwerke, Expertensysteme und natürliche Sprachverarbeitung. Maschinelles Lernen ist einer der wichtigsten Teilbereiche der KI, bei dem Algorithmen entwickelt werden, die automatisch aus Daten lernen können, ohne explizit programmiert zu werden.

Die Anwendungsbereiche von KI sind vielfältig und

reichen von Spracherkennung und Bildverarbeitung bis hin zu autonomen Fahrzeugen und medizinischer Diagnose. KI wird in verschiedenen Branchen eingesetzt, wie z.B. Gesundheitswesen, Finanzwesen, Handel, Verkehr und Unterhaltung.

Es ist wichtig anzumerken, dass KI nicht darauf abzielt, menschliche Intelligenz zu replizieren, sondern vielmehr Technologien und Systeme zu entwickeln, die in bestimmten Aufgabenbereichen intelligent handeln können. KI hat das Potenzial, viele Bereiche des täglichen Lebens zu beeinflussen und Lösungen für komplexe Probleme zu bieten.

Programm: Sprache und Kontext

Chatbots sind computergesteuerte Programme, die entwickelt wurden, um mit Menschen in natürlicher Sprache zu interagieren. Sie nutzen künstliche Intelligenz (KI) und maschinelles Lernen, um menschenähnliche Gespräche zu führen und auf Anfragen zu antworten. Hier ist eine Einführung in Chatbots:

1. Funktionsweise: Chatbots verwenden Algorithmen und KI-Modelle, um menschliche Sprache zu verstehen und darauf zu reagieren. Sie analysieren den eingegebenen Text des Benutzers, identifizieren Absichten und extrahieren relevante Informationen, um geeignete Antworten zu generieren.

2. Einsatzbereiche: Chatbots finden Anwendung in verschiedenen Bereichen wie Kundenservice, Support, E-Commerce, Marketing, Gesundheitswesen, Bildung und mehr. Sie können für die Beantwortung häufig gestellter Fragen, die Aufnahme von Bestellungen, die Terminvereinbarung, die Problembehebung und die Bereitstellung von Informationen verwendet werden.

3. Arten von Chatbots: Es gibt verschiedene

Arten von Chatbots. Reguläre Chatbots folgen festgelegten Skripten und reagieren auf vordefinierte Anfragen. AI-gesteuerte Chatbots nutzen maschinelles Lernen und KI, um natürlichere und kontextbezogene Unterhaltungen zu ermöglichen. Voice-basierte Chatbots interagieren per Sprache, während Text-basierte Chatbots auf Texteingaben reagieren.

4. Vorteile von Chatbots: Chatbots bieten mehrere Vorteile. Sie können rund um die Uhr verfügbar sein, schnelle Antworten liefern, die Kundenzufriedenheit verbessern, Supportkosten senken, skalierbar sein und die Effizienz steigern, indem sie repetitive Aufgaben übernehmen.

5. Herausforderungen: Chatbots haben auch einige Herausforderungen. Sie müssen angemessen trainiert und aktualisiert werden, um korrekte Antworten zu geben. Schwierigkeiten können auftreten, wenn komplexe Anfragen oder sprachliche Nuancen nicht erkannt werden. Datenschutz und Sicherheit sind ebenfalls wichtige Aspekte bei der Entwicklung und Nutzung von Chatbots.

6. Weiterentwicklung der Technologie: Mit Fortschritten in KI und maschinellem Lernen werden Chatbots immer fortschrittlicher.

Natürliche Sprachverarbeitung, Spracherkennung, Sentimentanalyse und Kontextverständnis verbessern sich stetig, um interaktive und personalisierte Chatbot-Erfahrungen zu ermöglichen.

Chatbots bieten Unternehmen die Möglichkeit, den Kundenservice zu verbessern, die Kommunikation zu optimieren und die Effizienz zu steigern. Durch die kontinuierliche Weiterentwicklung der Technologie werden Chatbots voraussichtlich eine noch größere Rolle in verschiedenen Bereichen spielen.

7. Entwicklung von Chatbots: Die Entwicklung von Chatbots umfasst die Erstellung eines Dialogmodells, das die verschiedenen Interaktionsszenarien abdeckt. Es gibt verschiedene Plattformen und Tools, die es Entwicklern ermöglichen, Chatbots zu erstellen und zu trainieren, indem sie Absichten, Entitäten und mögliche Benutzereingaben definieren.

8. Integration mit anderen Systemen: Chatbots können nahtlos in bestehende Systeme integriert werden, um den Zugriff auf Datenbanken, CRM-Systeme, E-Commerce-Plattformen und andere Anwendungen zu ermöglichen. Durch diese Integration können Chatbots personalisierte Informationen

abrufen und Benutzern individuelle Unterstützung bieten.

9. Multikanal-Unterstützung: Chatbots können auf verschiedenen Kanälen eingesetzt werden, darunter Websites, mobile Apps, soziale Medien und Messaging-Plattformen wie Facebook Messenger oder WhatsApp. Durch die Unterstützung mehrerer Kanäle können Unternehmen den Benutzern eine konsistente Erfahrung bieten und auf ihren bevorzugten Kanälen interagieren.

10. Kombination von Chatbots mit menschlichem Support: In einigen Fällen ist es sinnvoll, Chatbots mit menschlichem Support zu kombinieren, um eine optimale Kundenbetreuung zu gewährleisten. Komplexere Anfragen oder Situationen, bei denen Empathie und emotionale Intelligenz erforderlich sind, können an menschliche Supportmitarbeiter weitergeleitet werden, während Chatbots einfache und wiederkehrende Anfragen bearbeiten.

11. Kontinuierliche Verbesserung: Chatbots können durch die Analyse von Nutzerinteraktionen und Feedback kontinuierlich verbessert werden. Durch die Überwachung der Leistung, das Sammeln von Nutzerdaten und das Einbeziehen von

Kundenrückmeldungen können Unternehmen Chatbots iterativ optimieren und an die Bedürfnisse ihrer Benutzer anpassen.

12. KI und maschinelles Lernen: Chatbots nutzen künstliche Intelligenz und maschinelles Lernen, um ihre Fähigkeiten zur Sprachverarbeitung und -verständnis zu verbessern. Durch das Training mit großen Datensätzen können Chatbots Muster erkennen, Zusammenhänge verstehen und kontextbezogene Antworten generieren.

13. Personalisierung und Individualisierung: Fortgeschrittene Chatbots können personalisierte Interaktionen bieten, indem sie Benutzerdaten analysieren und auf individuelle Präferenzen und Bedürfnisse eingehen. Durch die Nutzung von Kundendaten und dem Einsatz von Algorithmen können Chatbots personalisierte Empfehlungen geben oder maßgeschneiderte Unterstützung bieten.

14. Sprach- und Multilingualität: Chatbots können in verschiedenen Sprachen eingesetzt werden, um eine breitere Benutzerbasis abzudecken. Fortschritte in der Sprachtechnologie ermöglichen es Chatbots, mehrere Sprachen zu verstehen und in natürlicher Sprache zu kommunizieren,

unabhängig von der Muttersprache des Benutzers.

15. Analyse und Berichterstattung: Chatbots können Daten über Benutzerinteraktionen sammeln und analysieren. Diese Daten können verwendet werden, um Einblicke in Kundenpräferenzen, häufige Anfragen oder Probleme zu gewinnen. Unternehmen können diese Informationen nutzen, um ihre Prozesse zu verbessern, Kundenbedürfnisse besser zu verstehen und ihre Servicequalität zu optimieren.

16. Emotionale Intelligenz: Fortgeschrittene Chatbots können mit Emotionserkennungstechniken ausgestattet werden, um die Stimmung und Emotionen der Benutzer zu verstehen und entsprechend zu reagieren. Dies kann die Kundenerfahrung verbessern, indem Chatbots empathisch und unterstützend agieren.

17. Sicherheit und Datenschutz: Bei der Entwicklung von Chatbots ist die Sicherheit und der Schutz von Benutzerdaten von entscheidender Bedeutung. Es müssen geeignete Sicherheitsmaßnahmen ergriffen werden, um sensible Informationen zu schützen und sicherzustellen, dass Chatbots den geltenden Datenschutzbestimmungen

entsprechen.

18.Zukunftsaussichten: Chatbots entwickeln sich
ständig weiter und ihre Anwendungsbereiche
werden immer vielfältiger. Mit Fortschritten in
der KI und Sprachtechnologie werden
Chatbots voraussichtlich noch komplexere und
menschenähnlichere Interaktionen
ermöglichen.

Es ist wichtig wissen, dass Chatbots nicht in allen
Situationen die beste Lösung sein können. Je nach
Komplexität der Anfragen oder dem Bedarf an
persönlicher Interaktion kann der Einsatz von
menschlichen Supportmitarbeitern oder anderen
Kundenservicekanälen erforderlich sein.

Historie: Vergangenheit und Zukunft

ChatGPT ist ein Sprachmodell, das auf der GPT (Generative Pre-trained Transformer)-Architektur basiert und von OpenAI entwickelt wurde. Es wurde darauf trainiert, natürliche Sprache zu verstehen und darauf zu reagieren, indem es auf große Mengen an Textdaten aus dem Internet zugreift. Hier ist eine Zusammenfassung der Entstehung und Entwicklung von ChatGPT:

> Ursprung der GPT-Modelle: Die GPT-Modelle wurden erstmals von OpenAI im Jahr 2018 vorgestellt. Sie basieren auf der Transformer-Architektur, die auf Aufmerksamkeitsmechanismen und sequentieller Verarbeitung von Textdaten beruht. Die Modelle können große Mengen an unstrukturierten Textdaten lernen und Sprachmuster verstehen.

> Training von ChatGPT: Um ChatGPT zu trainieren, wurde ein riesiger Datensatz von Texten aus dem Internet verwendet, der Informationen aus verschiedenen Quellen und Domänen enthält. Das Modell durchläuft eine Pre-Training-Phase, bei der es die Sprachstrukturen und Zusammenhänge in

den Daten erlernt.

Feintuning: Nach dem Pre-Training folgt eine Feintuning-Phase, bei der das Modell auf spezifische Aufgaben und Anwendungsbereiche zugeschnitten wird. Dabei werden datenspezifische Trainingsdaten verwendet, um das Modell auf die gewünschten Aufgaben, wie beispielsweise das Chatten mit Benutzern, zu trainieren.

Iterative Verbesserung: Die Entwicklung von ChatGPT und anderen GPT-Modellen erfolgt in iterativen Schritten. Das Modell wird kontinuierlich verbessert, indem es mit Benutzerinteraktionen und Feedback trainiert wird. Durch diesen iterativen Prozess können Fehler korrigiert, sprachliche Nuancen verfeinert und die Leistung des Modells optimiert werden.

Limitationen und ethische Bedenken: Obwohl ChatGPT beeindruckende Leistungen bei der Generierung von Texten gezeigt hat, hat es auch Limitationen. Das Modell kann beispielsweise manchmal unangemessene oder ungenaue Antworten liefern und ist anfällig für Bias in den Trainingsdaten. OpenAI hat sich verpflichtet, diese Herausforderungen anzugehen und ethische Richtlinien zu entwickeln, um den verantwortungsvollen Einsatz von ChatGPT zu fördern.

Freigabe und Zugänglichkeit: OpenAI hat ChatGPT in verschiedenen Versionen veröffentlicht, die für die Öffentlichkeit zugänglich sind. Dies ermöglicht es den Benutzern, mit dem Modell zu interagieren und dessen Fähigkeiten zu nutzen.

GPT-3: Eine bedeutende Weiterentwicklung in der GPT-Reihe ist GPT-3, das im Juni 2020 veröffentlicht wurde. Es ist das bisher größte und leistungsstärkste Modell in der GPT-Serie und besteht aus 175 Milliarden Parametern. Durch diese große Kapazität kann GPT-3 noch komplexere Sprachmuster verstehen und generieren.

Anwendungsbereiche: ChatGPT und GPT-Modelle im Allgemeinen finden in verschiedenen Anwendungsbereichen Verwendung. Neben dem Chatten mit Benutzern werden sie für Aufgaben wie Übersetzung, Textzusammenfassung, Textgenerierung, Frage-Antwort-Systeme und vieles mehr eingesetzt.

OpenAI API: OpenAI hat eine API (Application Programming Interface) für GPT-3 entwickelt, die es Entwicklern ermöglicht, die Fähigkeiten von GPT-3 in ihren eigenen Anwendungen zu nutzen. Dadurch können Entwickler benutzerdefinierte Chatbots, Sprachassistenten und andere Anwendungen entwickeln, die auf der Leistungsfähigkeit von GPT-3 basieren.

Erfahrungen mit Benutzern: OpenAI hat ChatGPT zunächst im Rahmen eines Forschungsprojekts veröffentlicht, um Feedback von Benutzern zu sammeln und die Leistung des Modells zu verbessern. Durch die Interaktion mit einer breiten Nutzerbasis konnte OpenAI wichtige Einblicke gewinnen und das Modell weiterentwickeln.

Nutzung in verschiedenen Branchen: ChatGPT und GPT-Modelle im Allgemeinen werden in einer Vielzahl von Branchen eingesetzt. Sie finden Anwendung im Kundenservice, im E-Commerce, im Gesundheitswesen, in der Bildung, im Finanzwesen und vielen anderen Bereichen, in denen eine natürliche und effiziente Interaktion mit Benutzern erforderlich ist.

Herausforderungen und Verbesserungen: Obwohl GPT-Modelle wie ChatGPT beeindruckende Fortschritte gemacht haben, gibt es immer noch Herausforderungen. Dazu gehören die Fähigkeit, kontextbezogene

Informationen richtig zu interpretieren, Empathie und emotionales Verständnis sowie die Fähigkeit, genaue und vertrauenswürdige Informationen bereitzustellen. OpenAI arbeitet daran, diese Herausforderungen anzugehen und die Leistung von GPT-Modellen kontinuierlich zu verbessern.

Verantwortungsvoller Einsatz: Angesichts der Fähigkeiten von GPT-Modellen ist es wichtig, sie verantwortungsbewusst einzusetzen. OpenAI setzt sich für die Schaffung von Richtlinien und Verfahren ein, um mögliche Risiken und Herausforderungen wie Fehlinformationen, Ethik, Datenschutz und Missbrauch anzugehen.

Forschung und Zusammenarbeit: OpenAI betreibt weiterhin aktive Forschung und Zusammenarbeit mit der Gemeinschaft, um die Fähigkeiten von ChatGPT und GPT-Modellen zu erweitern. Durch offene Diskussionen, Veröffentlichung von Forschungsergebnissen und Zusammenarbeit mit externen Experten strebt OpenAI eine transparente und kooperative Entwicklung von Sprachmodellen an.

Vergleich: chatGPT 3 und chatGPT 4

chatGPT 3 und chatGPT 4 sind zwei Versionen eines Chatbots, die auf dem Generative Pretrained Transformiere (GPT) Modell basieren.

Das GPT Modell ist eine künstliche Intelligenz, die natürliche Sprache verarbeiten und generieren kann. chatGPT 3 wurde im Jahr 2020 veröffentlicht und hat 175 Milliarden Parameter, die es trainieren und anpassen können.

chatGPT 4 wurde 2021 veröffentlicht und hat 250 Milliarden Parameter, die es noch leistungsfähiger und vielseitiger machen.

Der Hauptunterschied zwischen chatGPT 3 und chatGPT 4 ist, dass chatGPT 4 mehr Sprachen unterstützt, mehr Inhalte erzeugen kann, wie z.B. Bilder, Gedichte, Lieder, Code usw., und mehr Einstellungen hat, um den Chatmodus zu ändern, wie z.B. Balanced, Creative und Precise.

Kurz: ChatGPT-4 ist ein herausragendes komplexes und modernes KI-Modell mit beeindruckenden Features und enormen Datenstrukturen.

Das Modell: Funktionen und Aktionen

Die Funktionsweise des ChatGPT-Modells basiert auf der GPT (Generative Pre-trained Transformer)-Architektur, die auf der Verarbeitung von natürlicher Sprache mit Hilfe von künstlicher Intelligenz (KI) und maschinellem Lernen beruht. Hier ist eine Zusammenfassung der Funktionsweise des ChatGPT-Modells:

1. Pre-Training: Das ChatGPT-Modell wird zunächst mit großen Mengen an Textdaten aus dem Internet vortrainiert. Dabei lernt das Modell die statistischen Muster und Sprachstrukturen, die in den Daten vorhanden sind. Es erkennt Zusammenhänge zwischen Wörtern, Sätzen und Textabschnitten und erlangt ein allgemeines Sprachverständnis.

2. Fine-Tuning: Nach dem Pre-Training wird das Modell auf spezifische Aufgaben, wie das Chatten mit Benutzern, durch Fine-Tuning trainiert. Dabei wird das Modell mit einem spezifischen Datensatz trainiert, der Beispiele von Dialogen und entsprechenden Antworten enthält. Das Fine-Tuning hilft dem Modell, sich

auf die spezifische Anwendung zu spezialisieren und relevante Muster für die Aufgabe zu erlernen.

3. Sprachverarbeitung und -verständnis: Sobald das ChatGPT-Modell in Betrieb ist, kann es natürliche Sprache verarbeiten und verstehen. Es analysiert den Eingabetext, extrahiert Bedeutung und Kontext, und generiert dann eine entsprechende Antwort basierend auf dem trainierten Wissen und den gelernten Mustern. Das Modell verwendet fortschrittliche Techniken des maschinellen Lernens, wie zum Beispiel Aufmerksamkeitsmechanismen, um wichtige Informationen in den Eingabedaten zu identifizieren und die bestmögliche Antwort zu generieren.

4. Dialoginteraktion: Das ChatGPT-Modell ermöglicht es den Benutzern, durch Texteingabe in natürlicher Sprache mit ihm zu interagieren. Der Benutzer stellt eine Frage, äußert einen Wunsch oder gibt eine Anweisung, und das Modell generiert eine entsprechende Antwort. Das Modell kann den Kontext des Gesprächs berücksichtigen und auf vorherige Nachrichten reagieren, um eine kohärente und kontextbezogene Unterhaltung zu ermöglichen.

5. Lernfähigkeit und Anpassung: Das ChatGPT-Modell kann kontinuierlich von Benutzerinteraktionen lernen und sich anpassen. Durch Feedback und Bewertungen kann das Modell seine Antworten verbessern und neue Informationen oder Muster aufnehmen. Diese kontinuierliche Lernfähigkeit ermöglicht es dem Modell, im Laufe der Zeit genauer und effektiver zu werden.

6. Aufmerksamkeitsmechanismus: Die GPT-Modelle nutzen Aufmerksamkeitsmechanismen, um wichtige Informationen zu identifizieren und zu gewichten. Das Modell kann auf bestimmte Teile des Eingabetextes fokussieren und den Kontext besser verstehen. Durch den Einsatz von Aufmerksamkeit kann das Modell Zusammenhänge erkennen und die richtigen Informationen für die Generierung der Antwort verwenden.

7. Generierung von Text: Das ChatGPT-Modell generiert Textantworten basierend auf dem erlernten Wissen und den Mustern in den Trainingsdaten. Es gibt verschiedene Ansätze zur Generierung von Text, wie zum Beispiel die Verwendung einer Wahrscheinlichkeits-verteilung, um das nächste Wort

vorherzusagen, oder die Sampling-Methode, um Variationen in den Antworten zu ermöglichen. Das Modell wählt die Wörter basierend auf verschiedenen Faktoren wie Relevanz, Wahrscheinlichkeit und Kontext aus.

8. Kontextbezogene Antworten: ChatGPT ist in der Lage, auf den Kontext einer Unterhaltung zu reagieren und entsprechende Antworten zu generieren. Es kann sich an vorherige Nachrichten erinnern und diese in die Generierung der aktuellen Antwort einbeziehen. Dadurch kann das Modell eine kohärente und sinnvolle Unterhaltung führen und auf spezifische Anfragen oder Informationen Bezug nehmen.

9. Fehlererkennung und Korrektur: Das ChatGPT-Modell verfügt über Mechanismen zur Fehlererkennung und Korrektur. Es kann Unstimmigkeiten oder ungenaue Antworten erkennen und versuchen, diese zu verbessern. OpenAI arbeitet daran, diese Fähigkeiten weiter zu entwickeln, um die Genauigkeit und Qualität der generierten Antworten zu erhöhen.

10. Modellkomplexität und Ressourcennutzung: GPT-Modelle wie ChatGPT sind sehr komplexe Modelle mit einer großen Anzahl von

Parametern. Sie erfordern erhebliche Rechenleistung und Ressourcen, um effektiv zu funktionieren. Die Bereitstellung und Skalierung von ChatGPT erfordert entsprechende Infrastruktur und Ressourcenmanagement.

11. Kontextsensitives Verständnis: ChatGPT ist darauf trainiert, den Kontext einer Unterhaltung zu verstehen und entsprechend darauf zu reagieren. Es kann Informationen aus vorherigen Nachrichten im Dialog aufgreifen und in seine Antworten einbeziehen. Dadurch wird eine fortlaufende und zusammenhängende Unterhaltung ermöglicht.

11. Anpassungsfähigkeit durch Feedback: ChatGPT kann von menschlichem Feedback lernen, um seine Antworten zu verbessern. OpenAI hat eine Feedback-Schleife implementiert, die es Benutzern ermöglicht, unangemessene oder ungenaue Antworten zu melden. Dieses Feedback wird dann zur Verbesserung des Modells verwendet, um präzisere und zuverlässigere Antworten zu erzielen.

12. Berücksichtigung von Unsicherheit: Das ChatGPT-Modell kann auch Unsicherheit in seinen Antworten ausdrücken. Es kann

angeben, wenn es nicht genügend
Informationen hat oder wenn die Antwort mit
Vorsicht zu betrachten ist. Dadurch wird
Transparenz geschaffen und der Benutzer
darauf hingewiesen, dass die Antwort
möglicherweise nicht vollständig oder
endgültig ist.

13. Begrenzungen des Modells: Obwohl ChatGPT
über beeindruckende Sprachgenerierungs-
fähigkeiten verfügt, hat es auch einige
Einschränkungen. Das Modell kann falsche
Informationen liefern, auf suggestive oder
voreingenommene Fragen reagieren und
unpassende oder unethische Inhalte
generieren. OpenAI arbeitet kontinuierlich
daran, diese Probleme anzugehen und die
Sicherheit und Verlässlichkeit des Modells zu
verbessern.

14. Weiterentwicklung der Modelle: OpenAI und
die Forschungsgemeinschaft arbeiten ständig
daran, die GPT-Modelle weiterzuentwickeln.
Durch neue Techniken und Fortschritte im
maschinellen Lernen und der künstlichen
Intelligenz werden zukünftige Versionen von
ChatGPT erwartet, die noch fortschrittlichere
und kontextsensiblere Antworten bieten
können

Machine Learning: Analyse und Muster

Maschinelles Lernen, auch bekannt als Machine Learning, ist ein Teilbereich der künstlichen Intelligenz (KI), der sich mit der Entwicklung von Algorithmen und Modellen befasst, die es Computern ermöglichen, aus Erfahrungen zu lernen und Aufgaben zu erledigen, ohne explizit programmiert zu werden.

Im maschinellen Lernen werden Algorithmen entwickelt, die Daten analysieren, Muster erkennen und Vorhersagen treffen können. Diese Algorithmen lernen aus einer Menge von Trainingsdaten und passen ihre Modelle entsprechend an, um auf neue Daten zu generalisieren. Dabei werden verschiedene Techniken des maschinellen Lernens eingesetzt, wie zum Beispiel überwachtes Lernen, unüberwachtes Lernen und bestärkendes Lernen.

Beim überwachten Lernen werden Algorithmen mit gelabelten Trainingsdaten trainiert, wobei jedes Beispiel sowohl Eingabe- als auch Ausgabedaten enthält. Der Algorithmus lernt, eine Funktion zu approximieren, die die Eingabe auf die richtige Ausgabe abbildet. Auf diese Weise kann er dann Vorhersagen für neue, ungelabelte Daten treffen.

Beim unüberwachten Lernen werden Algorithmen hingegen mit ungelabelten Trainingsdaten trainiert. Das Ziel besteht darin, in den Daten Strukturen, Muster oder Gruppierungen zu entdecken, ohne dass den Algorithmen explizit gesagt wird, wonach sie suchen sollen.

Beim bestärkenden Lernen lernt ein Algorithmus durch Interaktion mit einer Umgebung, wobei er Belohnungen oder Bestrafungen basierend auf seinen Aktionen erhält. Der Algorithmus passt seine Strategie an, um im Laufe der Zeit bessere Belohnungen zu erzielen.

Maschinelles Lernen findet in vielen Bereichen Anwendung, wie beispielsweise in der Bild- und Spracherkennung, in der medizinischen Diagnose, im Finanzwesen, im autonomen Fahren und in der Robotik. Es ist ein sich schnell entwickelndes Feld, das ständig neue Fortschritte und Anwendungen hervorbringt.

1. Algorithmen und Modelle: Im maschinellen Lernen werden verschiedene Algorithmen und Modelle verwendet, um Daten zu analysieren und Muster zu erkennen. Dazu gehören lineare Regression, logistische Regression, Entscheidungsbäume, künstliche neuronale Netze, Support Vector Machines und viele andere. Jeder Algorithmus hat seine eigenen

Stärken und Anwendungsbereiche.

2. Datenvorbereitung: Die Qualität der Daten
   hat einen großen Einfluss auf die Ergebnisse
   des maschinellen Lernens. Vor dem Training
   müssen die Daten gesammelt, gereinigt und
   aufbereitet werden. Dies umfasst Schritte wie
   das Entfernen fehlender Werte, das Skalieren
   von Merkmalen und das Aufteilen der Daten
   in Trainings- und Testsets.

3. Deep Learning: Eine spezielle Form des
   maschinellen Lernens ist das Deep Learning.
   Es basiert auf künstlichen neuronalen Netzen
   mit mehreren Schichten und hat in den
   letzten Jahren bahnbrechende Fortschritte in
   der Bild- und Spracherkennung erzielt. Deep
   Learning-Modelle haben die Fähigkeit,
   hierarchische Muster in Daten zu lernen und
   komplexe Probleme zu lösen.

4. Anwendungen: Maschinelles Lernen wird in
   einer Vielzahl von Anwendungen eingesetzt.
   In der Medizin kann es bei der Diagnose von
   Krankheiten und der Entdeckung von Mustern
   in medizinischen Bildern unterstützen. Im
   Finanzwesen hilft es bei der
   Kreditrisikobewertung, dem
   Hochfrequenzhandel und der
   Betrugserkennung. Im Bereich des
   autonomen Fahrens ermöglicht maschinelles

Lernen Fahrzeugen, ihre Umgebung
wahrzunehmen und zu navigieren.

5. Herausforderungen: Obwohl maschinelles
Lernen viele Vorteile bietet, gibt es auch
Herausforderungen. Dazu gehören die
Verfügbarkeit von qualitativ hochwertigen
Trainingsdaten, die Vermeidung von
Überanpassung (Overfitting), die Erklärbarkeit
von Entscheidungen, ethische Bedenken und
Datenschutzfragen.

6. Zukunftsaussichten: Maschinelles Lernen
entwickelt sich ständig weiter, und es gibt
viele spannende Entwicklungen in diesem
Bereich. Dazu gehören Fortschritte im Bereich
des verstärkenden Lernens, die Erweiterung
des maschinellen Lernens auf neue Domänen
wie den Quantencomputing-Bereich und die
Integration von maschinellem Lernen in
mobile Geräte und IoT-Anwendungen.

7. Supervised Learning (Überwachtes Lernen):
Beim überwachten Lernen werden
Algorithmen trainiert, indem ihnen
Eingabedaten und die entsprechenden
richtigen Ausgaben bereitgestellt werden. Der
Algorithmus lernt, eine Funktion zu
approximieren, die die Eingabe auf die
richtige Ausgabe abbildet. Beispiele für
überwachtes Lernen sind die Klassifizierung

(z. B. die Erkennung von Spam-E-Mails) und die Regression (z. B. die Vorhersage von Hauspreisen basierend auf bestimmten Merkmalen).

8. Unsupervised Learning (Unüberwachtes Lernen): Im unüberwachten Lernen werden Algorithmen mit ungelabelten Daten trainiert. Das Ziel besteht darin, Muster, Strukturen oder Gruppierungen in den Daten zu entdecken. Beispiele für unüberwachtes Lernen sind Clusteranalyse, Dimensionsreduktion und Assoziationsregeln.

9. Reinforcement Learning (Bestärkendes Lernen): Beim bestärkenden Lernen interagiert ein Algorithmus mit einer Umgebung und lernt durch Belohnungen oder Bestrafungen, die er für seine Aktionen erhält. Der Algorithmus passt seine Strategie im Laufe der Zeit an, um die Belohnungen zu maximieren. Reinforcement Learning wird oft in der Robotik, Spieltheorie und im autonomen Fahrzeugen eingesetzt.

10. Transfer Learning: Transfer Learning bezieht sich auf die Idee, dass ein Modell, das für eine Aufgabe trainiert wurde, auf eine andere verwandte Aufgabe übertragen werden kann. Das bereits trainierte Modell kann als Ausgangspunkt verwendet werden, um die

Trainingszeit und den Aufwand für die neue Aufgabe zu reduzieren. Transfer Learning ermöglicht es, mit begrenzten Datenmengen zu arbeiten und schneller Modelle bereitzustellen.

11. Bias und Fairness: Maschinelles Lernen kann anfällig für Bias sein, da die Algorithmen auf den vorhandenen Trainingsdaten basieren. Wenn die Daten ungleichmäßig verteilt oder voreingenommen sind, kann dies zu unfairen oder diskriminierenden Entscheidungen führen. Es ist wichtig, die Daten sorgfältig zu überprüfen und die Algorithmen so zu gestalten, dass sie fair und ausgewogen sind.

12. Datenschutz und Sicherheit: Maschinelles Lernen erfordert oft den Zugriff auf große Mengen sensibler Daten. Es ist wichtig, Datenschutzbestimmungen und Sicherheitsvorkehrungen zu beachten, um sicherzustellen, dass die Daten angemessen geschützt sind. Anonymisierungstechniken, Datenverschlüsselung und sicherer Datenaustausch sind wichtige Aspekte beim Umgang mit Daten im maschinellen Lernen.

13. Deep Reinforcement Learning: Deep Reinforcement Learning kombiniert Reinforcement Learning mit Deep Learning-Techniken. Hierbei werden tiefe neuronale

Netze eingesetzt, um komplexe Entscheidungsprobleme zu lösen. Deep Reinforcement Learning hat beeindruckende Erfolge erzielt, z. B. im Bereich der Spielstrategien, bei denen Computerprogramme menschliche Weltmeister in Spielen wie Schach, Go und Poker geschlagen haben.

14. Erklärbarkeit von KI-Entscheidungen: Eine wichtige Herausforderung im maschinellen Lernen besteht darin, die Entscheidungen von KI-Modellen zu verstehen und zu erklären. Insbesondere bei komplexen Modellen wie neuronalen Netzen kann es schwierig sein, nachzuvollziehen, wie eine Entscheidung zustande gekommen ist. Forscher arbeiten an Methoden, um die Transparenz und Erklärbarkeit von KI-Systemen zu verbessern, um Vertrauen aufzubauen und mögliche Vorurteile oder Diskriminierungen aufzudecken.

15. Online-Lernen: Beim Online-Lernen (Online Learning) wird der Lernalgorithmus kontinuierlich mit neuen Daten aktualisiert, während er bereits im Einsatz ist. Dies ermöglicht es dem Algorithmus, sich an verändernde Umgebungen anzupassen und neue Informationen zu integrieren. Online-

Lernen findet Anwendung in Situationen, in denen die Datenmenge ständig wächst oder sich ändert, wie z. B. bei der Analyse von sozialen Medien oder Finanzmärkten.

16. Skalierbarkeit und Leistung: Mit zunehmender Verfügbarkeit großer Datenmengen und der Notwendigkeit, komplexe Modelle zu trainieren, spielt die Skalierbarkeit von maschinellem Lernen eine wichtige Rolle. Techniken wie paralleles Training, die Nutzung von Grafikprozessoren (GPUs) und die Verteilung des Lernprozesses auf mehrere Computer oder Server ermöglichen es, Modelle schneller und effizienter zu trainieren.

17. Automatisierung: Maschinelles Lernen und KI haben das Potenzial, viele manuelle Aufgaben zu automatisieren und menschliche Arbeitskräfte zu unterstützen. Dies kann beispielsweise in der Automatisierung von Prozessen, dem maschinellen Übersetzen von Texten oder der Analyse großer Datenmengen zur Erkennung von Mustern und Zusammenhängen erfolgen. Die Automatisierung durch maschinelles Lernen hat das Potenzial, die Effizienz und Produktivität in vielen Branchen zu steigern.

18. Ethik und Governance: Mit dem Einsatz von

maschinellem Lernen und KI gehen auch
ethische Fragen und Verantwortlichkeiten
einher. Es ist wichtig sicherzustellen, dass
diese Technologien ethisch verantwortungsvoll
entwickelt und eingesetzt werden, um
potenzielle Vorurteile, Diskriminierung oder
unerwünschte Auswirkungen aufzudecken und
anzugehen. Eine angemessene Governance
und Regulierung des maschinellen Lernens
sind entscheidend, um sicherzustellen, dass
die Technologie im Einklang mit unseren
Werten und Zielen genutzt wird

19. Aktive Lernmethoden: Beim aktiven Lernen
    (Active Learning) werden Algorithmen
    entwickelt, die in der Lage sind, die
    relevantesten und informativsten Beispiele
    zur Verbesserung des Modells gezielt
    auszuwählen. Anstatt große Mengen an Daten
    manuell zu annotieren, kann das aktive
    Lernen den Trainingsprozess effizienter
    gestalten, indem es den Fokus auf die
    Beispiele legt, bei denen das Modell unsicher
    oder inkonsistent ist.

20. Generative Modelle: Generative Modelle sind
    Modelle, die die Verteilung der Trainingsdaten
    lernen und neue Daten generieren können,
    die ähnlich wie die Trainingsdaten aussehen.
    Diese Modelle können verwendet werden, um

künstliche Bilder, Texte oder Audioinhalte zu erzeugen. Generative Modelle wie Generative Adversarial Networks (GANs) haben die Fähigkeit, realistische und überzeugende Ergebnisse zu erzielen und werden in Bereichen wie der Bildgenerierung und dem kreativen Design eingesetzt.

21. Erweitertes maschinelles Lernen: Neben dem traditionellen maschinellen Lernen gibt es auch erweiterte Ansätze wie das Bayes'sche maschinelle Lernen, das probabilistische Modellierungstechniken verwendet, um Unsicherheit in den Vorhersagen zu berücksichtigen. Darüber hinaus gewinnt das Fuzzy-Maschinenlernen an Bedeutung, bei dem unscharfe Logik eingesetzt wird, um die Unschärfe und Mehrdeutigkeit von Daten zu modellieren.

22. Kombination von Daten: In einigen Fällen kann die Kombination von Daten aus verschiedenen Quellen oder Domänen zu besseren Ergebnissen führen. Dieser Ansatz wird als Transfer Learning bezeichnet, bei dem Modelle, die auf einer Aufgabe trainiert wurden, auf eine andere Aufgabe übertragen werden können. Durch die Nutzung von Informationen aus verwandten Domänen oder Quellen kann das maschinelle Lernen

effektiver und effizienter sein.

23. Unsicherheitsquantifizierung: Neben der Vorhersage von Ergebnissen ist es wichtig, die Unsicherheit in den Vorhersagen zu quantifizieren. Dies ist besonders relevant in sicherheitskritischen Anwendungen oder in Situationen, in denen fundierte Entscheidungen getroffen werden müssen. Methoden wie Bayesianisches maschinelles Lernen und Monte-Carlo-Simulationen können verwendet werden, um Unsicherheiten zu modellieren und zu quantifizieren.

24. Mensch-Maschine-Zusammenarbeit: Das maschinelle Lernen kann als Werkzeug dienen, um die menschliche Arbeitskraft zu unterstützen und zu erweitern. Durch die Kombination von menschlicher Intelligenz mit maschineller Intelligenz können komplexe Aufgaben effizienter und genauer bewältigt werden. Die Zusammenarbeit zwischen Mensch und Maschine wird als "Augmented Intelligence" bezeichnet und hat das Potenzial, in vielen Bereichen bahnbrechende Fortschritte zu erzielen.

25. Kontinuierliches Lernen: Das kontinuierliche Lernen (Continual Learning) beschäftigt sich mit dem Lernen in sich verändernden Umgebungen und dem Anpassen an neue

Daten oder Aufgaben.

26. Meta-Learning: Meta-Learning bezieht sich auf die Fähigkeit eines Modells, zu lernen, wie es lernen soll. Es zielt darauf ab, Algorithmen oder Modelle zu entwickeln, die in der Lage sind, aus Erfahrungen zu lernen und dieses Wissen auf neue Aufgaben oder Domänen anzuwenden. Meta-Learning ermöglicht es Modellen, schnell und effektiv auf neue Probleme zu reagieren und sich anzupassen.

27. One-Shot Learning: Beim One-Shot Learning geht es darum, ein Modell mit nur einem einzigen Beispiel zu trainieren. Dieses Konzept ist besonders relevant, wenn nur begrenzte Daten zur Verfügung stehen. One-Shot Learning versucht, Modelle zu entwickeln, die in der Lage sind, neue Objekte oder Konzepte zu erkennen und zu verstehen, auch wenn sie nur einmal gesehen wurden.

28. Edge Computing und maschinelles Lernen: Edge Computing bezieht sich auf die Verarbeitung von Daten auf Geräten oder in dezentralen Systemen in unmittelbarer Nähe zur Datenquelle. Dieser Ansatz ermöglicht Echtzeitentscheidungen und reduziert Latenzzeiten, indem Daten nicht zur Verarbeitung an entfernte Server gesendet werden müssen. Maschinelles Lernen kann

auf Edge-Geräten eingesetzt werden, um intelligente Funktionen und Analysen in Echtzeit bereitzustellen.

29. Interpretierbarkeit von Modellen: Die Interpretierbarkeit von Modellen bezieht sich auf die Fähigkeit, die Entscheidungen und Vorhersagen eines Modells nachvollziehen und erklären zu können. In einigen Anwendungsbereichen, wie der Medizin oder dem Rechtswesen, ist es wichtig, die Gründe hinter den Entscheidungen eines Modells zu verstehen. Forschung und Entwicklung in der Interpretierbarkeit von Modellen zielen darauf ab, transparentere und vertrauenswürdigere KI-Systeme zu schaffen.

30. Verallgemeinerungsfähigkeit: Die Fähigkeit eines Modells, auf unbekannte Daten oder Aufgaben zu generalisieren, ist von entscheidender Bedeutung. Ein Modell sollte in der Lage sein, aus dem Trainingsdatensatz gelernte Muster und Zusammenhänge auf neue Daten anzuwenden. Die Verallgemeinerungsfähigkeit ist ein wichtiger Faktor, um sicherzustellen, dass ein Modell robust und zuverlässig ist.

31. Kontrolle und Governance: Angesichts des Potenzials von maschinellem Lernen und KI ist es wichtig, Mechanismen zur Kontrolle und

Governance zu etablieren. Dies beinhaltet den verantwortungsvollen Einsatz von KI, den Schutz der Privatsphäre und den Umgang mit ethischen Fragen wie Vorurteilen oder Diskriminierung. Richtlinien, Standards und Regularien werden entwickelt, um den Einsatz von maschinellem Lernen sicher und verantwortungsvoll zu gestalten.

Das maschinelle Lernen ist ein umfangreiches und sich schnell entwickelndes Feld mit einer breiten Palette von Anwendungen und Herausforderungen. Durch kontinuierliche Forschung und Innovation werden neue Techniken und Methoden entwickelt, um die Leistungsfähigkeit und Zuverlässigkeit von mas

Gehirn: Muster und Daten

Neuronale Netzwerke sind ein grundlegendes Konzept im Bereich des maschinellen Lernens und der künstlichen Intelligenz. Sie sind von der Funktionsweise des menschlichen Gehirns inspiriert und werden verwendet, um komplexe Muster in Daten zu erkennen und Entscheidungen zu treffen.

Ein neuronales Netzwerk besteht aus einer Sammlung von künstlichen Neuronen, die miteinander verbunden sind. Jedes künstliche Neuron erhält Eingabedaten, verarbeitet diese und gibt eine Ausgabe weiter. Die Verbindungen zwischen den Neuronen haben Gewichtungen, die angeben, wie stark die Eingabe eines Neurons die Ausgabe anderer Neuronen beeinflusst.

Die Struktur eines neuronalen Netzwerks besteht aus mehreren Schichten von Neuronen. Die erste Schicht wird als Eingabeschicht bezeichnet und empfängt die Rohdaten. Die letzte Schicht wird als Ausgabeschicht bezeichnet und gibt das Ergebnis des Netzwerks aus. Dazwischen können mehrere versteckte Schichten vorhanden sein, die dazu dienen, Informationen zwischen Eingabe- und Ausgabeschicht zu verarbeiten.

Die Verarbeitung in einem neuronalen Netzwerk

erfolgt durch sogenannte Aktivierungsfunktionen, die die Eingaben der Neuronen in Ausgaben umwandeln. Es gibt verschiedene Arten von Aktivierungsfunktionen, darunter die Sigmoid-Funktion, die ReLU-Funktion (Rectified Linear Unit) und die Softmax-Funktion.

Das Training eines neuronalen Netzwerks erfolgt durch die Anpassung der Gewichtungen der Verbindungen zwischen den Neuronen. Dies geschieht durch den Einsatz von Optimierungsalgorithmen, die den Fehler zwischen den erwarteten Ausgaben und den tatsächlichen Ausgaben minimieren. Durch wiederholtes Präsentieren von Trainingsdaten und Anpassung der Gewichtungen verbessert das Netzwerk seine Fähigkeit, Muster zu erkennen und genaue Vorhersagen zu machen.

Neuronale Netzwerke werden in vielen Bereichen eingesetzt, darunter Bilderkennung, Spracherkennung, maschinelle Übersetzung, Textanalyse, Robotik und autonomes Fahren. Sie haben sich als leistungsstarke Werkzeuge erwiesen, um komplexe Aufgaben zu bewältigen und menschenähnliches Verhalten in bestimmten Bereichen nachzuahmen.

Netzwerk: Neuronen und Deep

Deep Learning ist ein Teilbereich des maschinellen Lernens, der sich auf den Aufbau und die Schulung tiefer neuronaler Netzwerke konzentriert. Diese Netzwerke werden als "tiefe" neuronale Netzwerke bezeichnet, weil sie aus mehreren Schichten von Neuronen bestehen, die Informationen verarbeiten und Entscheidungen treffen.

Im Vergleich zu flachen neuronalen Netzwerken mit nur einer oder zwei versteckten Schichten können tiefe neuronale Netzwerke komplexere und abstraktere Muster in den Daten erkennen. Jede zusätzliche Schicht ermöglicht es dem Netzwerk, eine immer höhere Ebene der Darstellung und des Verständnisses der Daten zu erlangen.

Deep Learning nutzt diese tiefen neuronalen Netzwerke, um automatisch Features und Hierarchien in den Daten zu erlernen. Anstatt manuell Features zu extrahieren und zu definieren, wie es bei traditionellen Ansätzen der Fall ist, können tiefe neuronale Netzwerke selbstständig relevante Merkmale aus den Rohdaten extrahieren.

Das Training von tiefen neuronalen Netzwerken erfolgt mithilfe großer Mengen von Daten und der Optimierung der Gewichtungen zwischen den

Neuronen durch Backpropagation. Backpropagation ist ein Verfahren, bei dem der Fehler zwischen den tatsächlichen Ausgaben des Netzwerks und den erwarteten Ausgaben berechnet und dann rückwärts durch das Netzwerk propagiert wird, um die Gewichtungen anzupassen.

Deep Learning hat in den letzten Jahren große Fortschritte erzielt und ist in vielen Anwendungsgebieten sehr erfolgreich. Es wird in der Bild- und Spracherkennung, der natürlichen Sprachverarbeitung, der automatisierten Übersetzung, der medizinischen Diagnose, der Robotik und vielen anderen Bereichen eingesetzt.

Die Vorteile von Deep Learning liegen in der Fähigkeit, hochdimensionale Daten zu verarbeiten, komplexe Muster zu erkennen und genaue Vorhersagen zu treffen. Durch die Verwendung tiefer neuronaler Netzwerke können Deep-Learning-Modelle komplexe Aufgaben bewältigen und Ergebnisse erzielen, die in vielen Fällen mit oder sogar über den menschlichen Fähigkeiten liegen.

Realität: Anwendungen und Alltag

Künstliche Intelligenz (KI) hat in den letzten Jahren eine breite Palette von Anwendungsbereichen erobert. Die Möglichkeiten, die KI bietet, reichen von der Automatisierung von Aufgaben bis hin zur Lösung komplexer Probleme. Hier sind einige der wichtigsten Anwendungsbereiche von KI:

1. Gesundheitswesen: KI wird im Gesundheitswesen eingesetzt, um medizinische Diagnosen zu unterstützen, Krankheiten frühzeitig zu erkennen, personalisierte Behandlungspläne zu erstellen und medizinische Bildgebung zu analysieren. KI-Systeme können große Mengen an Patientendaten analysieren und wertvolle Erkenntnisse liefern, die Ärzten bei der Entscheidungsfindung helfen.

2. Automobilindustrie: In der Automobilindustrie wird KI für autonome Fahrzeuge eingesetzt. KI-Systeme können Sensordaten verarbeiten, Verkehrssituationen analysieren und autonome Entscheidungen treffen, um

Fahrzeuge sicher und effizient zu steuern.

3. Finanzwesen: KI wird im Finanzwesen für automatisierte Handelsentscheidungen, Betrugsprävention, Kundenanalyse und Risikobewertung eingesetzt. KI-Modelle können große Datenmengen analysieren, um Muster und Trends zu identifizieren und fundierte Entscheidungen zu treffen.

4. Kundenservice: Chatbots und virtuelle Assistenten basieren auf KI-Technologien und verbessern den Kundenservice, indem sie häufig gestellte Fragen beantworten, Supportanfragen bearbeiten und personalisierte Empfehlungen geben können.

5. Energie und Umwelt: KI wird genutzt, um den Energieverbrauch zu optimieren, erneuerbare Energien zu fördern und Umweltauswirkungen zu minimieren. KI-Systeme können Daten analysieren, um Energieeffizienz zu verbessern, Ressourcen zu optimieren und umweltfreundliche Entscheidungen zu treffen.

6. Bild- und Spracherkennung: KI hat enorme Fortschritte in der Bild- und Spracherkennung gemacht. Gesichtserkennung, Objekterkennung, Sprachübersetzung und Sprachassistenten

wie Siri und Alexa sind Beispiele dafür. KI ermöglicht es Computern, komplexe visuelle und sprachliche Informationen zu analysieren und zu verstehen.

7. E-Commerce und personalisierte Empfehlungen: KI wird im E-Commerce verwendet, um personalisierte Produktvorschläge zu machen, Kaufverhalten zu analysieren und Kundenpräferenzen zu verstehen. Durch die Nutzung von KI können Unternehmen maßgeschneiderte Erfahrungen bieten und das Einkaufserlebnis verbessern.

8. Bildung: In der Bildung kann KI individualisierte Lernprogramme erstellen, den Lernfortschritt überwachen und personalisierte Rückmeldungen geben. KI-Systeme können Lernenden dabei helfen, ihre Fähigkeiten zu verbessern und den Lernprozess effektiver zu gestalten.

Dies sind nur einige Beispiele für die breite Palette von Anwendungsbereichen, in denen KI eingesetzt wird. Die Fortschritte in der KI-Technologie eröffnen ständig neue Möglichkeiten und Anwendungsbereiche. Künstliche Intelligenz hat das Potenzial, in nahezu allen Branchen und Bereichen des täglichen Lebens eingesetzt zu werden und positive Veränderungen zu bewirken.

Es ist wichtig zu beachten, dass KI nicht nur auf große Unternehmen oder bestimmte Industrien beschränkt ist. Die Anwendungsbereiche von KI reichen von kleinen Start-ups bis hin zu großen Organisationen, von der Gesundheitsversorgung bis zur Landwirtschaft, von der Bildung bis zur Logistik. Jeder Bereich kann von den Vorteilen der KI profitieren, sei es durch Effizienzsteigerung, bessere Entscheidungsfindung oder verbesserte Benutzererfahrung.

Die zukünftige Entwicklung von KI und ihre Anwendungsbereiche sind vielversprechend. Mit immer leistungsfähigeren Computern, größeren Datenmengen und fortschrittlicheren Algorithmen werden KI-Systeme in der Lage sein, noch komplexere Aufgaben zu bewältigen und menschenähnliche Fähigkeiten weiter zu verbessern.

ChatGPT ist ein maschinelles Lernsystem, das große Mengen an natürlicher Sprache verarbeiten und generieren kann. Es basiert auf neuronalen Netzwerken, die aus Millionen oder Milliarden von Parametern bestehen, die anhand von riesigen Textkorpora trainiert werden.

Ein Fülle von Anwendungen bieten sich an: Bildung, Gesundheit, Wirtschaft, Medien und Unterhaltung, z.B. Lehrmaterialien erstellen, medizinische Diagnosen unterstützen, Geschäftsberichte analysieren, Nachrichtenartikel schreiben oder kreative Texte erzeugen.

ChatGPT für den Kundenservice

ChatGPT hat auch im Kundenservice eine bedeutende Rolle eingenommen. Durch seine Fähigkeit, menschenähnliche Unterhaltungen zu führen, kann ChatGPT Kundenanfragen effizient und präzise beantworten.

Im Kundenservice kann ChatGPT in Form von Chatbots oder virtuellen Assistenten eingesetzt werden. Diese KI-gesteuerten Systeme können rund um die Uhr verfügbar sein, um Kundenanfragen entgegenzunehmen und zu bearbeiten. Sie können häufig gestellte Fragen beantworten, Produktinformationen bereitstellen, Anleitungen geben oder bei Problemlösungen unterstützen.

Die Vorteile der Verwendung von ChatGPT im Kundenservice sind vielfältig. Erstens

kann ChatGPT eine hohe Skalierbarkeit
bieten, da er in der Lage ist, eine große
Anzahl von Kundenanfragen gleichzeitig zu
bearbeiten. Dadurch können Unternehmen
ihre Kundendienstkapazität erweitern und
Wartezeiten reduzieren.

Zweitens ermöglicht ChatGPT eine schnelle
Reaktionszeit. Kunden können sofort
Antworten auf ihre Fragen erhalten, ohne
auf einen menschlichen
Kundendienstmitarbeiter warten zu müssen.
Dies verbessert die Kundenerfahrung und
erhöht die Zufriedenheit.

Drittens können Chatbots mit ChatGPT
kontinuierlich lernen und sich verbessern.
Durch die Analyse von Kundeninteraktionen
und die kontinuierliche Anpassung der
Antworten kann ChatGPT immer präzisere
und relevantere Informationen bereitstellen.

Es ist jedoch wichtig zu beachten, dass
ChatGPT nicht in der Lage ist, alle
Kundenservice-Anfragen zu bewältigen. Bei
komplexen oder spezifischen Problemen
kann die Weiterleitung an einen
menschlichen Kundendienstmitarbeiter
erforderlich sein. Darüber hinaus müssen
Unternehmen sicherstellen, dass ChatGPT
ethisch und verantwortungsvoll eingesetzt

wird, um sicherzustellen, dass die Kundenbetreuung von hoher Qualität bleibt und Datenschutzbestimmungen eingehalten werden.

Insgesamt bietet ChatGPT im Kundenservice großes Potenzial, die Effizienz zu steigern, die Kundenzufriedenheit zu verbessern und Unternehmen dabei zu unterstützen, ihren Kunden einen schnellen und qualitativ hochwertigen Service zu bieten.

ChatGPT für die Medizin

1. Patienteninteraktion: ChatGPT kann in der Kommunikation mit Patienten eingesetzt werden, um Fragen zu beantworten, medizinische Informationen bereitzustellen und Anleitungen zu geben. Chatbots oder virtuelle Assistenten, die auf ChatGPT basieren, können Patienten bei der Terminvereinbarung, Medikamentenerinnerungen und grundlegenden medizinischen Ratschlägen unterstützen.

2. Diagnoseunterstützung: ChatGPT kann Ärzten bei der Diagnosestellung unterstützen, indem es medizinische Symptome, Krankheitsbilder und Testergebnisse

analysiert und relevante Informationen liefert. ChatGPT kann als Werkzeug dienen, um Ärzte bei ihrer Entscheidungsfindung zu unterstützen, indem es ihnen eine zusätzliche Informationsquelle und eine breitere Wissensbasis bietet.

3. Medizinische Bildgebung: In der medizinischen Bildgebung kann ChatGPT bei der Analyse und Interpretation von radiologischen Bildern wie Röntgenaufnahmen, CT-Scans und MRT-Scans eingesetzt werden. Es kann helfen, Anomalien zu erkennen, Befunde zu klassifizieren und medizinische Berichte zu generieren.

4. Forschungsunterstützung: ChatGPT kann bei der Unterstützung von medizinischer Forschung und Entwicklung eine Rolle spielen. Es kann bei der Analyse großer Mengen von Forschungsdaten helfen, wissenschaftliche Literatur durchsuchen und Forschungsfragen beantworten. ChatGPT kann auch bei der Identifizierung von potenziellen Medikamenten oder Behandlungen unterstützen.

5. Gesundheitsinformationen und Aufklärung: ChatGPT kann genutzt werden, um medizinische Informationen für Patienten und

die breite Öffentlichkeit zugänglich zu
machen. Es kann in Form von Chatbots oder
virtuellen Assistenten verwendet werden, um
Fragen zu Gesundheitsthemen, Krankheiten,
Behandlungen und Prävention zu
beantworten.

Es ist wichtig zu beachten, dass ChatGPT in
der Medizin als Unterstützungswerkzeug und
Entscheidungshilfe eingesetzt wird und nicht
den menschlichen Arzt ersetzt. Die
endgültigen medizinischen Entscheidungen
sollten immer von qualifizierten Ärzten
getroffen werden, die das Fachwissen, die
Erfahrung und das Urteilsvermögen haben.

Die Verwendung von ChatGPT in der Medizin
hat das Potenzial, die Effizienz, Genauigkeit
und Qualität der Patientenversorgung zu
verbessern.

ChatGPT für die Bildung

ChatGPT kann auch in der Bildung verschiedene
Anwendungen finden. Hier sind fünf Beispiele, wie
ChatGPT im Bildungsbereich eingesetzt werden
könnte:

1. Lernunterstützung: ChatGPT könnte als

virtueller Tutor oder Lernassistent dienen. Schüler könnten Fragen zu bestimmten Themen stellen und ChatGPT würde relevante Informationen und Erklärungen liefern. Es könnte auch Übungsaufgaben stellen und Feedback zu den Antworten geben, um das Lernen zu unterstützen.

2. Nachhilfe und individuelle Unterstützung: ChatGPT könnte Schülern individuelle Nachhilfe bieten, indem es ihnen bei bestimmten Schwierigkeiten oder Konzepten hilft. Es könnte auf Basis von Schülerantworten auf Fragen oder Probleme gezielte Ratschläge und Erklärungen geben, um das Verständnis zu verbessern.

3. Sprachunterricht: ChatGPT könnte als virtueller Sprachlehrer fungieren und Schülern dabei helfen, eine neue Sprache zu lernen. Es könnte Vokabeln vermitteln, Grammatikerklärungen geben, Beispieldialoge durchführen und sogar Ausspracheübungen anbieten.

4. Hausaufgabenhilfe: ChatGPT könnte Schülern bei Hausaufgaben helfen, indem es Fragen beantwortet und Anleitungen zur Lösung von Problemen gibt. Es könnte auch auf Ressourcen und Referenzmaterialien verweisen, um den Schülern bei ihrer Arbeit

zu unterstützen.

5. Karriereberatung: ChatGPT könnte Schülern bei der Berufsorientierung und Karriereplanung helfen. Es könnte Informationen über verschiedene Berufe bereitstellen, Fähigkeiten und Qualifikationen diskutieren und Ratschläge zur Auswahl des richtigen Bildungsweges oder der richtigen Universität geben.

Diese Beispiele zeigen, wie ChatGPT im Bildungsbereich eingesetzt werden könnte, um das Lernen zu unterstützen, individuelle Hilfe anzubieten und Schülern bei verschiedenen Aspekten ihrer Ausbildung zu unterstützen. Es ist jedoch wichtig zu beachten, dass solche Systeme nicht den menschlichen Lehrer ersetzen können, sondern als ergänzende Werkzeuge dienen sollten.

ChatGPT für die Forschung

ChatGPT spielt eine wichtige Rolle in der Forschung und unterstützt Forscher in verschiedenen Bereichen. Hier sind einige Anwendungen von ChatGPT in der Forschung:

1. Ideengenerierung und Konzeptentwicklung: ChatGPT kann Forschern helfen, neue Ideen zu generieren und komplexe Konzepte zu entwickeln. Forscher können mit ChatGPT

interagieren, um neue Ansätze zu
diskutieren, Hypothesen zu formulieren und
mögliche Lösungen für Forschungsfragen zu
erarbeiten.

2. Literaturrecherche und Wissensmanagement:
   ChatGPT kann bei der Durchführung von
   Literaturrecherchen helfen, indem es
   relevante wissenschaftliche Artikel,
   Forschungsergebnisse und Informationen aus
   großen Datenbanken analysiert und
   zusammenfasst. Es kann auch bei der
   Organisation und Verwaltung von
   Forschungswissen unterstützen, indem es
   wichtige Informationen extrahiert und
   strukturiert.

3. Datenanalyse und Mustererkennung: ChatGPT
   kann bei der Analyse von Forschungsdaten
   helfen, indem es Muster, Zusammenhänge
   und Trends identifiziert. Es kann Forschern
   dabei helfen, komplexe Datensätze zu
   verstehen, statistische Analysen
   durchzuführen und Erkenntnisse aus den
   Daten zu gewinnen.

4. Experimentplanung und -optimierung:
   ChatGPT kann Forschern bei der Planung und
   Optimierung von Experimenten helfen, indem
   es verschiedene Parameter und Bedingungen
   berücksichtigt. Es kann bei der Auswahl der

richtigen experimentellen Ansätze
unterstützen und dabei helfen, die Effizienz
und Genauigkeit von Experimenten zu
verbessern.

5. Kollaboration und Wissenstransfer: ChatGPT
   kann als Werkzeug für die Zusammenarbeit
   und den Wissenstransfer zwischen Forschern
   dienen. Es ermöglicht den Austausch von
   Ideen, die Diskussion von
   Forschungsergebnissen und die gemeinsame
   Erarbeitung neuer Erkenntnisse. ChatGPT
   kann auch als Plattform für virtuelle
   Konferenzen oder Kolloquien dienen.

6. Datenauswertung und -analyse: ChatGPT
   kann bei der Analyse großer Mengen von
   Forschungsdaten helfen. Es kann Daten aus
   verschiedenen Quellen zusammenführen,
   Muster identifizieren und bei der
   Dateninterpretation unterstützen. Forschende
   könnten Fragen stellen und relevante
   Informationen erhalten, um Erkenntnisse aus
   ihren Daten zu gewinnen.

7. Experimentelle Planung und Optimierung:
   ChatGPT kann bei der Planung von
   Experimenten und der Optimierung von
   Versuchsparametern helfen. Forschende
   könnten Fragen stellen, um das Design ihres
   Experiments zu verbessern oder alternative

Ansätze zu erkunden. ChatGPT könnte auch bei der Identifizierung relevanter Variablen oder Kontrollgruppen unterstützen.

8. Literaturüberblick und -zusammenfassung: ChatGPT kann bei der Durchführung von Literaturrecherchen und dem Zusammenfassen relevanter Informationen helfen. Forschende könnten Fragen zu bestimmten Themen stellen und ChatGPT könnte eine Zusammenfassung der wichtigsten Erkenntnisse liefern. Dies könnte die Effizienz bei der Literaturrecherche und -bewertung erhöhen.

9. Hypothesengenerierung und Validierung: ChatGPT kann bei der Generierung von Hypothesen helfen, indem es auf vorhandenes Wissen zurückgreift und mögliche Zusammenhänge zwischen Variablen aufzeigt. Forschende könnten ihre Ideen mit ChatGPT diskutieren und das System könnte relevante Informationen liefern, um Hypothesen zu validieren oder alternative Ansätze zu erkunden.

10. Forschungsethik und -recht: ChatGPT kann bei der Beratung in Fragen der Forschungsethik und -recht helfen. Es könnte Informationen über rechtliche Bestimmungen, Ethikrichtlinien und Genehmigungsverfahren

bereitstellen. Forschende könnten Fragen
stellen, um sicherzustellen, dass ihre
Forschung den ethischen Standards
entspricht und gesetzliche Anforderungen
erfüllt.

Diese Beispiele verdeutlichen, wie ChatGPT in der
Forschung eingesetzt werden kann. Es ist wichtig
anzumerken, dass ChatGPT als Werkzeug betrachtet
werden sollte und die Verantwortung der
Forschenden für kritisches Denken, Validierung von
Ergebnissen und Einhaltung ethischer Standards
weiterhin von großer Bedeutung ist.Chat GPT in der
Produktion

ChatGPT für die Produktion

Die Integration von ChatGPT in Produktionsprozesse
kann Unternehmen dabei unterstützen, ihre Abläufe
effizienter zu gestalten und ihre Produktivität zu
steigern. In diesem Kapitel werden verschiedene
Anwendungsbereiche von ChatGPT in
Produktionsprozessen betrachtet.

1. Automatisierung von Aufgaben: ChatGPT
   kann dazu verwendet werden, bestimmte
   Aufgaben in Produktionsprozessen zu
   automatisieren. Zum Beispiel können
   repetitive oder zeitaufwändige Aufgaben, wie

das Erfassen von Daten, das Generieren von
Berichten oder das Durchführen von
Qualitätskontrollen, von ChatGPT
übernommen werden. Dadurch können
menschliche Ressourcen freigesetzt werden,
um sich auf komplexere Aufgaben zu
konzentrieren.

2. Fehlererkennung und Qualitätskontrolle:
   ChatGPT kann in Produktionsprozessen
   eingesetzt werden, um Fehler zu erkennen
   und Qualitätskontrollen durchzuführen. Es
   kann Muster in den Produktionsdaten
   analysieren und potenzielle Abweichungen
   oder Anomalien identifizieren. Dadurch
   können Fehler frühzeitig erkannt und
   korrigiert werden, um die Qualität der
   hergestellten Produkte zu verbessern.

3. Prognose und Optimierung: ChatGPT kann
   verwendet werden, um Prognosen über
   Produktionsleistung, Nachfrage oder
   Lieferketten zu erstellen. Durch die Analyse
   von Daten und die Identifizierung von
   Mustern kann ChatGPT dabei helfen, die
   Produktionsplanung zu optimieren, Engpässe
   vorherzusagen und die Effizienz der
   Produktionsprozesse zu steigern.

4. Wartung und Instandhaltung: ChatGPT kann
   in der Wartung und Instandhaltung von

Produktionsanlagen eingesetzt werden. Es kann bei der Überwachung von Maschinen und Anlagen unterstützen, um potenzielle Probleme frühzeitig zu erkennen und Wartungsarbeiten zu planen. Dadurch kann die Betriebszeit maximiert und ungeplante Ausfallzeiten minimiert werden.

5. Personalisierte Unterstützung: ChatGPT kann auch für die Bereitstellung von personalisierter Unterstützung und Schulungen für Mitarbeiter in Produktionsprozessen eingesetzt werden. Es kann ihnen bei Fragen oder Problemen helfen, Anleitungen geben und bei der Schulung neuer Mitarbeiter unterstützen. Dadurch wird die Effektivität der Mitarbeiter gesteigert und die Einarbeitungszeit verkürzt.

Die Integration von ChatGPT in Produktionsprozesse bietet Unternehmen die Möglichkeit, ihre Abläufe zu optimieren, die Produktivität zu steigern und die Qualität ihrer Produkte zu verbessern. Durch die Automatisierung von Aufgaben, Fehlererkennung, Prognose und Optimierung, Wartung und Instandhaltung sowie personalisierte Unterstützung kann ChatGPT einen wertvollen Beitrag zur Effizienz und Leistungsfähigkeit von Produktionsprozessen leisten.

ChatGPT für das Entertainment

ChatGPT hat auch einen bedeutenden Einfluss auf die Unterhaltungsindustrie und bietet verschiedene Anwendungsmöglichkeiten, um die Unterhaltungserfahrung zu verbessern. Hier sind einige Bereiche, in denen ChatGPT in der Unterhaltung eingesetzt wird:

1. Virtuelle Assistenten und Chatbots: ChatGPT bildet die Grundlage für virtuelle Assistenten und Chatbots, die in verschiedenen Unterhaltungsanwendungen eingesetzt werden. Sie können mit Benutzern interagieren, Fragen beantworten, Empfehlungen geben und sogar Unterhaltungen führen, um ein interaktives und personalisiertes Unterhaltungserlebnis zu bieten.

2. Kreative Inhaltegenerierung: ChatGPT kann bei der Generierung von kreativen Inhalten wie Geschichten, Drehbüchern oder Songtexten unterstützen. Es kann Ideen liefern, Textpassagen generieren und bei der Entwicklung von Unterhaltungsprodukten wie Videospielen, Filmen oder Musikstücken helfen.

3. Sprachgesteuerte Systeme: ChatGPT kann in

sprachgesteuerten Systemen eingesetzt werden, um natürliche und interaktive Unterhaltungserlebnisse zu schaffen. Durch die Verwendung von ChatGPT können diese Systeme auf natürliche Spracheingaben reagieren, Dialoge führen und personalisierte Unterhaltungsinhalte bereitstellen.

4. Virtuelle Charaktere: ChatGPT kann bei der Entwicklung von virtuellen Charakteren für Videospiele, virtuelle Realität oder Animationen eingesetzt werden. Virtuelle Charaktere können auf Grundlage von ChatGPT mit Spielern oder Benutzern interagieren und ihnen ein realistisches und dynamisches Spielerlebnis bieten.

5. Personalisierte Empfehlungen: ChatGPT kann bei der Personalisierung von Unterhaltungsempfehlungen helfen. Durch das Verständnis von Benutzerpräferenzen und -interessen kann ChatGPT maßgeschneiderte Empfehlungen für Filme, Musik, Bücher oder andere Unterhaltungsangebote geben.

6. Virtuelle Charaktere: ChatGPT kann als Grundlage für virtuelle Charaktere dienen, die in Videospielen, VR-Erlebnissen oder Chatbot-Anwendungen auftreten. Diese Charaktere könnten mit den Spielern interagieren, Fragen beantworten, Geschichten erzählen oder

Rätsel lösen.

7. Dialogsysteme für Filme und Fernsehen:
   ChatGPT könnte bei der Entwicklung von
   Dialogsystemen für Filme und Fernsehen
   eingesetzt werden. Es könnte helfen,
   realistische und unterhaltsame Dialoge zu
   generieren, die den Charakteren
   Persönlichkeit verleihen und die Zuschauer
   stärker in die Handlung einbeziehen.

8. Interaktive Geschichten: ChatGPT kann die
   Grundlage für interaktive Geschichten bilden,
   in denen die Leser oder Zuschauer aktiv am
   Handlungsverlauf teilnehmen können.
   ChatGPT könnte auf die Eingaben und
   Entscheidungen des Nutzers reagieren und
   die Geschichte entsprechend anpassen, um
   ein personalisiertes Erlebnis zu bieten.

9. Kreative Projekte: ChatGPT kann Künstler und
   Kreative bei ihren Projekten unterstützen. Es
   könnte bei der Generierung von Songtexten,
   Gedichten, Drehbüchern oder anderen
   kreativen Inhalten behilflich sein. ChatGPT
   könnte auch als Inspirationsquelle dienen,
   indem es Ideen oder Konzeptvorschläge
   liefert.

10. Virtuelle Assistenten für
    Unterhaltungszwecke: ChatGPT könnte als

virtueller Assistent in Unterhaltungsanwendungen dienen, beispielsweise beim Musikhören oder beim Ansehen von Filmen und Serien. Es könnte Musikempfehlungen basierend auf persönlichen Vorlieben geben, Hintergrundinformationen zu Filmen liefern oder lustige Unterhaltungen mit den Nutzern führen.

Die Verwendung von ChatGPT in der Unterhaltungsbranche bietet das Potenzial, die Interaktivität, Personalisierung und Qualität des Unterhaltungserlebnisses zu steigern. Es ermöglicht neue Formen der Unterhaltung und schafft innovative Wege, um Benutzer zu begeistern und zu engagieren.

Diese Beispiele zeigen, wie ChatGPT in der Unterhaltungsbranche genutzt werden könnte, um interaktive und unterhaltsame Erlebnisse zu schaffen. Es ist wichtig zu beachten, dass der Einsatz von ChatGPT in der Unterhaltung auch Herausforderungen mit sich bringen kann, insbesondere in Bezug auf Datenschutz, Ethik und Verantwortung. Es ist entscheidend, diese Aspekte zu berücksichtigen und geeignete Maßnahmen zu ergreifen, um die Privatsphäre der Nutzer zu schützen und potenzielle Missbrauchsrisiken zu minimieren.

ChatGPT für das Marketing

ChatGPT kann im Marketing auf verschiedene Weise eingesetzt werden, um das Kundenerlebnis zu verbessern und effektive Marketingstrategien zu entwickeln. Hier sind fünf konkrete Beispiele für den Einsatz von ChatGPT im Marketing:

1. Kundenservice und Support: ChatGPT kann als Chatbot eingesetzt werden, um Kundenanfragen zu beantworten und Support zu bieten. Es kann automatisierte Antworten auf häufig gestellte Fragen liefern und einfache Probleme lösen. Dadurch wird der Kundenservice effizienter und Kunden erhalten sofortige Unterstützung.

2. Personalisierung des Marketings: ChatGPT kann helfen, personalisierte Marketinginhalte zu generieren. Es kann auf Kundendaten und Verhaltensmustern zugreifen, um individuell angepasste Empfehlungen oder Werbebotschaften zu liefern. Durch personalisiertes Marketing können Kunden besser angesprochen und ihre Bedürfnisse gezielter erfüllt werden.

3. Marktforschung und Verbraucherfeedback: ChatGPT kann als Tool zur Marktforschung

eingesetzt werden, um Kundenfeedback zu sammeln. Es kann Fragen stellen, Meinungen einholen und Stimmungsanalysen durchführen. Diese Informationen können zur Verbesserung von Produkten, Dienstleistungen und Marketingstrategien genutzt werden.

4. Chatbasiertes E-Commerce: ChatGPT kann als Assistent in E-Commerce-Plattformen eingesetzt werden, um Kunden bei der Produktsuche und -auswahl zu unterstützen. Es kann Produktinformationen bereitstellen, alternative Optionen vorschlagen und den Bestellprozess vereinfachen. Dadurch wird das Einkaufserlebnis der Kunden verbessert.

5. Content-Erstellung und -Optimierung: ChatGPT kann bei der Erstellung und Optimierung von Marketinginhalten unterstützen. Es kann dabei helfen, ansprechende Werbetexte, Blogbeiträge oder Social-Media-Beiträge zu generieren. ChatGPT kann auch dabei helfen, die Wirksamkeit von Marketinginhalten zu analysieren und Empfehlungen für Optimierungen zu geben.

Diese Beispiele zeigen, wie ChatGPT im Marketing eingesetzt werden kann, um das Kundenerlebnis zu personalisieren, Effizienz zu steigern und bessere Marketingstrategien zu entwickeln. Es ist wichtig zu beachten, dass der Einsatz von ChatGPT im Marketing auch ethische Aspekte wie Datenschutz, Transparenz und die Vermeidung von Manipulation berücksichtigen sollte, um das Vertrauen der Kunden zu wahren.

ChatGPT für die Freizeit

ChatGPT kann auch in der Freizeitgestaltung vielfältig eingesetzt werden. Hier sind fünf konkrete Beispiele:

1. Spiele und Quiz: ChatGPT kann als Teil von interaktiven Spielen und Quizzen eingesetzt werden. Es kann Fragen stellen, Antworten bewerten und Punkte vergeben. Auf diese Weise können Nutzer ihre Kenntnisse testen und sich unterhalten.

2. Unterhaltungsgespräche: ChatGPT kann als virtueller Gesprächspartner dienen, um Nutzern eine unterhaltsame und interaktive Erfahrung zu bieten. Es kann über verschiedene Themen sprechen, Witze erzählen oder interessante Fakten liefern.

3. Kreative Projekte: ChatGPT kann bei kreativen Projekten unterstützen, wie zum Beispiel beim Schreiben von Geschichten, Gedichten oder Songtexten. Nutzer können Ideen mit ChatGPT austauschen, Inspiration

erhalten oder Feedback zu ihren eigenen
Werken erhalten.

4. Reise- und Ausflugsplanung: ChatGPT kann
   als Reiseassistent dienen, indem es
   Informationen zu Reisezielen,
   Sehenswürdigkeiten, Unterkünften und
   Restaurants liefert. Es kann bei der Planung
   von Ausflügen helfen, indem es Vorschläge für
   Aktivitäten und Routen gibt.

5. Hobby- und Interessengebiete: ChatGPT kann
   Nutzern helfen, Informationen zu ihren
   Hobbys oder Interessengebieten zu erhalten.
   Es kann Fragen zu bestimmten Themen
   beantworten, Anleitungen oder Tipps geben
   und zur Weiterentwicklung von Fähigkeiten
   oder Kenntnissen beitragen.

Diese Beispiele verdeutlichen, wie ChatGPT in der
Freizeitgestaltung genutzt werden kann, um Nutzern
unterhaltsame und informative Erlebnisse zu bieten.
Es ist wichtig zu beachten, dass ChatGPT als
Werkzeug betrachtet werden sollte und die
Verantwortung der Nutzer für eine ausgewogene
Nutzung und kritisches Denken weiterhin von großer
Bedeutung ist.

ChatGPT für Glauben und Kirche

Die Anwendung von ChatGPT im Kontext des Glaubens und der Kirche kann verschiedene Auswirkungen haben und neue Möglichkeiten eröffnen. In diesem Kapitel werden einige Aspekte der Verbindung von ChatGPT mit dem Glauben und der Kirche betrachtet.

1. Spirituelle Begleitung: ChatGPT kann als unterstützendes Werkzeug für spirituelle Begleitung und Beratung eingesetzt werden. Gläubige könnten Fragen stellen oder um Rat suchen, und ChatGPT könnte Antworten oder Inspirationen basierend auf religiösen Texten oder Überlieferungen bieten. Es ist jedoch wichtig zu beachten, dass ChatGPT kein Ersatz für menschliche spirituelle Begleitung sein kann und dass der Einsatz ethisch und verantwortungsbewusst erfolgen sollte.

2. Wissensvermittlung: ChatGPT kann Informationen über Glaubensgrundsätze, religiöse Rituale oder theologische Konzepte bereitstellen. Es kann als Lernwerkzeug dienen, um Fragen zu beantworten und Wissen über den Glauben zu vermitteln. Es ist jedoch wichtig, dass die Informationen, die ChatGPT bereitstellt, sorgfältig überprüft und auf ihre theologische Korrektheit geprüft

werden.

3. Dialog und Diskussion: ChatGPT kann als Diskussionspartner in theologischen oder philosophischen Debatten dienen. Es kann verschiedene Standpunkte und Perspektiven präsentieren und zu einem Dialog zwischen Gläubigen und Gelehrten anregen. Hierbei ist es wichtig, dass ChatGPT als Werkzeug zur Unterstützung des Dialogs betrachtet wird und dass die menschliche Reflexion und Interpretation weiterhin eine wichtige Rolle spielen.

4. Gemeinschaft und Vernetzung: ChatGPT kann dazu beitragen, gläubige Menschen miteinander zu vernetzen und Gemeinschaften zu fördern. Durch interaktive Chats oder Diskussionsforen kann eine Online-Community geschaffen werden, in der Gläubige ihre Erfahrungen teilen, Fragen stellen und sich unterstützen können. Es ist jedoch wichtig, die Gemeinschaft auf eine ausgewogene Weise zu fördern und sicherzustellen, dass der persönliche Austausch und das gemeinsame Gebet nicht vernachlässigt werden.

Es ist wichtig zu beachten, dass ChatGPT in der religiösen Praxis keine theologische Autorität hat. Die Verwendung von ChatGPT im Zusammenhang mit dem Glauben und der Kirche sollte immer mit Vorsicht und im Einklang mit den ethischen Grundsätzen und Traditionen der jeweiligen Glaubensgemeinschaft erfolgen. Die Rolle von ChatGPT sollte als unterstützendes Werkzeug betrachtet werden, das menschliche Spiritualität und Gemeinschaftserfahrungen ergänzt, jedoch nicht ersetzt.

ChatGPT für die Psychologie

Als KI-basiertes System kann ChatGPT verschiedene Anwendungen in der Psychologie haben. Hier sind einige Beispiele:

1. Online-Therapie: ChatGPT kann als digitales Werkzeug zur Unterstützung von Online-Therapie oder E-Kounseling verwendet werden. Es kann dabei helfen, Gespräche zu führen, Ratschläge zu geben und Informationen bereitzustellen.

2. Selbsthilfe und Coaching: ChatGPT kann als virtueller Assistent für Selbsthilfe- oder Coaching-Programme eingesetzt werden. Es kann Fragen beantworten, Übungen vorschlagen und Anleitungen geben, um Menschen bei der persönlichen Entwicklung und dem Wohlbefinden zu unterstützen.

3. Informationsbereitstellung: ChatGPT kann

eine umfangreiche Datenbank an
psychologischem Wissen liefern. Es kann
Fragen zu psychologischen Konzepten,
Störungen, Therapieansätzen und anderen
Themen beantworten und Ressourcen wie
Bücher, Artikel oder Websites empfehlen.

4. Emotionale Unterstützung: ChatGPT kann als
"virtueller Freund" dienen, der Menschen bei
der Bewältigung von emotionalen
Herausforderungen unterstützt. Es kann
Zuhören, Verständnis zeigen und einfühlsame
Antworten geben, um das Wohlbefinden zu
fördern.

Es ist jedoch wichtig anzumerken, dass ChatGPT
kein Ersatz für eine professionelle psychologische
Behandlung oder Diagnose ist. Es kann als
ergänzendes Werkzeug verwendet werden, aber bei
ernsthaften psychischen Problemen ist es ratsam,
sich an qualifizierte Fachkräfte zu wende

Tool: Content und Service

1. Kundenbetreuung: ChatGPT kann in Kundensupportsystemen eingesetzt werden, um Kundenanfragen zu beantworten, Probleme zu lösen und Unterstützung zu bieten. Es kann als virtueller Kundendienstmitarbeiter agieren und rund um die Uhr verfügbar sein, um Kundenanliegen zu bearbeiten.

2. Content-Erstellung: ChatGPT kann bei der Erstellung von Inhalten wie Blogbeiträgen, Artikeln, Produktbeschreibungen oder Social-Media-Posts unterstützen. Es kann Texte generieren, die den Be
dürfnissen und Vorgaben des jeweiligen Kontexts entsprechen.

3. Sprachassistenz: ChatGPT kann als Sprachassistent in intelligenten Lautsprechern oder Smart-Home-Geräten eingesetzt werden. Es kann Befehle entgegennehmen, Informationen bereitstellen, Termine vereinbaren oder sogar einfache Unterhaltungen führen.

4. Übersetzungsdienste: ChatGPT kann bei der automatischen Übersetzung von Texten oder

Sprachen eingesetzt werden. Es kann Texte in
eine andere Sprache übertragen und so bei
der Kommunikation und dem Verständnis
zwischen verschiedenen Sprachgruppen
helfen.

5. Content-Moderation: ChatGPT kann bei der
   automatischen Moderation von Inhalten in
   Online-Plattformen eingesetzt werden. Es
   kann dabei helfen, unangemessene oder
   beleidigende Inhalte zu erkennen und zu
   filtern, um eine sichere und positive Online-
   Umgebung zu schaffen.

6. Personalisierung von Einkaufserlebnissen:
   ChatGPT kann bei der Personalisierung von
   Einkaufserlebnissen eingesetzt werden. Es
   kann Benutzern dabei helfen, Produkte zu
   finden, Empfehlungen zu erhalten und ihren
   Einkaufsprozess zu optimieren.

Diese Anwendungsgebiete zeigen die
vielfältigen Einsatzmöglichkeiten von
ChatGPT in verschiedenen Bereichen. Mit
seiner Fähigkeit, natürliche Sprache zu
verstehen und zu generieren, eröffnet
ChatGPT neue Wege der Interaktion und
Automatisierung in zahlreichen Branchen
und bietet Potenzial für verbesserte
Nutzererlebnisse und Effizienzsteigerungen.

9. Sprachtraining und Sprachlernhilfe: ChatGPT kann als Hilfsmittel beim Sprachtraining und der Verbesserung von Sprachkenntnissen eingesetzt werden. Es kann bei der Übersetzung, Grammatik- und Wortschatzübungen helfen sowie mündliche und schriftliche Sprachpraxis bieten. Durch die Interaktion mit ChatGPT können Benutzer ihre Sprachfähigkeiten verbessern und ihr Verständnis erweitern.

10. Psychologische Unterstützung: ChatGPT kann in der psychologischen Unterstützung eingesetzt werden, indem es als Gesprächspartner fungiert und emotionale Unterstützung bietet. Es kann Menschen helfen, ihre Gefühle auszudrücken, Stress abzubauen und Ratschläge zu geben. Allerdings sollte beachtet werden, dass ChatGPT keine professionelle medizinische oder psychologische Beratung ersetzen kann.

11. Reise- und Hotelbuchungen: ChatGPT kann bei der Planung und Buchung von Reisen und Unterkünften behilflich sein. Es kann Fragen zu Reisezielen beantworten, Flug- und Hoteloptionen anzeigen und Buchungen vornehmen. ChatGPT kann dabei helfen, den Buchungsprozess zu

vereinfachen und personalisierte
Empfehlungen zu geben.

12. Die Fähigkeit von ChatGPT, natürliche
    Sprache zu verstehen und zu generieren,
    ermöglicht neue Formen der Interaktion,
    Automatisierung und Unterstützung in
    verschiedenen Bereichen des täglichen
    Lebens.

13. Mithilfe des neuen Features, der
    Bildeingabe, können User Bilder einfügen.
    Daraufhin erstellt GPT-4 Interpretationen,
    Schlussfolgerungen und weitere diverse
    Erkenntnisse. So können beispielsweise
    Webseiten generiert und Informationen
    von Dokumenten extrahiert werden.

14. Aufgaben wie akademische Examen,
    Prüfungen und Tests können
    überdurchschnittlich erfolgreich bearbeiten
    kann. Dementsprechend werden in den
    Bereichen algebraische/mathematische
    Fähigkeiten, Sprachverständnis etc.
    erweiterte und komplexe Kompetenzen
    generiert.

Effizienz: Potenziale und Herausforderungen

Potentiale:

1. Effiziente Kommunikation: ChatGPT ermöglicht es Menschen, auf natürliche Weise mit einem KI-Modell zu interagieren und Informationen oder Unterstützung zu erhalten, ohne dass spezielle Programmierkenntnisse erforderlich sind.

2. Wissensvermittlung: ChatGPT kann auf eine Vielzahl von Informationen zugreifen und Antworten auf Fragen liefern, basierend auf seinem vorherigen Training. Es kann als Werkzeug zur Wissensvermittlung und Informationsbeschaffung dienen.

3. Kundenunterstützung: Unternehmen können ChatGPT nutzen, um Kundensupport zu bieten. Das Modell kann häufig gestellte Fragen beantworten, Probleme lösen und Kundenanfragen effizient bearbeiten.

4. Kreative Anwendungen: ChatGPT kann auch für kreative Zwecke eingesetzt werden, z.B. zum Generieren von Texten, Geschichten, Gedichten oder Songtexten. Es kann als kreativer Partner dienen und neue Ideen inspirieren.

Herausforderungen:

1. Verständnisbegrenzungen: Obwohl ChatGPT über ein umfangreiches Training verfügt, kann es dennoch Verständnisprobleme haben. Es kann Fragen missverstehen oder falsche Antworten liefern, insbesondere bei komplexen oder mehrdeutigen Anfragen.

2. Mangel an Urteilsvermögen: ChatGPT kann möglicherweise keine ethischen oder moralischen Entscheidungen treffen. Es gibt keine Garantie dafür, dass die von ihm gegebenen Informationen immer korrekt, verlässlich oder angemessen sind.

3. Befangenheit: ChatGPT lernt aus großen Mengen an Textdaten, die menschliche Vorurteile und

Befangenheit enthalten können. Wenn
das Modell nicht korrekt behandelt
wird, kann es diese Vorurteile
verstärken und inkorrekte oder
diskriminierende Informationen
liefern.

4. Sicherheit und Missbrauch: ChatGPT
kann von Personen missbraucht
werden, um Fehlinformationen zu
verbreiten, Schaden anzurichten oder
Phishing-Angriffe durchzuführen. Es
besteht die Notwendigkeit,
angemessene Sicherheitsmaßnahmen
zu ergreifen, um den Missbrauch zu
verhindern.

Aspekte: Ethisches und Rechtliches

Ethische und rechtliche Überlegungen sind von großer Bedeutung bei der Entwicklung und Nutzung von ChatGPT. Hier sind einige der wichtigsten Aspekte:

1. Vorurteile und Befangenheit: ChatGPT wird durch das Training mit großen Textdatensätzen geprägt, die Vorurteile und Befangenheit enthalten können. Es ist wichtig, diese Vorurteile zu erkennen und zu minimieren, um sicherzustellen, dass das Modell fair und gerecht agiert.

2. Transparenz und Kontrolle: Es ist wichtig, den Benutzern von ChatGPT die Kontrolle über ihre Daten und die Interaktion mit dem Modell zu ermöglichen. Transparenz darüber, wie das Modell funktioniert und welche Daten verwendet werden, ist entscheidend, um das Vertrauen der Benutzer zu gewinnen.

3. Datenschutz und Privatsphäre: Bei der Verwendung von ChatGPT müssen Datenschutzrichtlinien und rechtliche Vorgaben beachtet werden, um die Privatsphäre der Benutzer zu schützen. Sensible oder personenbezogene Daten

sollten angemessen geschützt werden.

4. Missbrauch und Verantwortung: Es besteht
   die Gefahr des Missbrauchs von ChatGPT für
   schädliche oder irreführende Zwecke. Es ist
   wichtig, Verantwortung zu übernehmen und
   Maßnahmen zu ergreifen, um den Missbrauch
   einzudämmen. Dies kann durch
   Filtermechanismen, Moderation oder andere
   Kontrollmaßnahmen geschehen.

5. Haftung und Rechtssystem: Die
   Verantwortung für Handlungen oder
   Ergebnisse, die durch ChatGPT entstehen,
   muss klar definiert sein. Es ist wichtig, die
   Haftungsfrage im Zusammenhang mit dem
   Einsatz von KI-Systemen zu klären und
   entsprechende rechtliche
   Rahmenbedingungen zu schaffen.

6. Einbeziehung verschiedener Perspektiven: Bei
   der Entwicklung und Schulung von ChatGPT
   sollte eine Vielfalt an Stimmen, Perspektiven
   und kulturellen Hintergründen berücksichtigt
   werden, um eine ausgewogene und faire
   Interaktion zu gewährleisten.

7. Datenschutz und Privatsphäre: Die
   Verarbeitung von Benutzerinteraktionen und
   Daten zur Verbesserung von ChatGPT wirft
   Fragen des Datenschutzes und der

Privatsphäre auf. Es ist wichtig, sicherzustellen, dass angemessene Sicherheitsmaßnahmen getroffen werden, um die persönlichen Daten der Benutzer zu schützen und ihre Einwilligung einzuholen.

8. Vermeidung von Vorurteilen und Diskriminierung: KI-Systeme wie ChatGPT können Vorurteile und Diskriminierung reproduzieren, die in den Trainingsdaten enthalten sind. Es ist wichtig, Maßnahmen zu ergreifen, um sicherzustellen, dass ChatGPT fair und inklusiv ist und keine bestehenden Vorurteile oder Diskriminierungen verstärkt.

9. Transparente Entscheidungsfindung: ChatGPT trifft Entscheidungen basierend auf den vorherigen Trainingsdaten und dem Modell, das ihm zugrunde liegt. Es ist wichtig, transparent zu sein und zu erklären, wie diese Entscheidungen zustande kommen, um die Vertrauenswürdigkeit des Systems zu gewährleisten.Verantwortungsvoller Umgang mit potenziellen Missbräuchen: ChatGPT kann potenziell für missbräuchliche Zwecke eingesetzt werden, wie die Verbreitung von Fehlinformationen oder die Manipulation von Personen. Es ist wichtig, Richtlinien und Mechanismen zu entwickeln, um den Missbrauch von ChatGPT zu verhindern und

die Verantwortung der Entwickler und
Benutzer zu betonen.

10. Menschliche Aufsicht und Verantwortung:
ChatGPT kann Fehler machen oder
unangemessene Antworten geben. Eine
menschliche Aufsicht und Kontrolle ist daher
erforderlich, um sicherzustellen, dass
ChatGPT angemessen eingesetzt wird und
den ethischen Standards entspricht

11. Erfassung und Speicherung von Daten:
ChatGPT interagiert mit Benutzern und
sammelt dabei Informationen über deren
Anfragen und Eingaben. Es ist wichtig,
transparent zu kommunizieren, welche Daten
erfasst werden und wie sie gespeichert und
verarbeitet werden. Zudem sollten Daten nur
so lange gespeichert werden, wie es für den
bestimmten Zweck erforderlich ist.

12. Anonymisierung und Pseudonymisierung: Um
die Privatsphäre der Benutzer zu schützen,
können Techniken wie Anonymisierung oder
Pseudonymisierung angewendet werden.
Dabei werden personenbezogene Daten so
verarbeitet, dass sie nicht mehr einer
bestimmten Person zugeordnet werden
können.

13. Einwilligung und Kontrolle: Benutzer sollten

die Möglichkeit haben, ihre Einwilligung zur Verarbeitung ihrer Daten zu geben und diese Einwilligung jederzeit widerrufen zu können. Zudem sollten Benutzer die Kontrolle darüber haben, welche Daten sie freigeben möchten und wie ihre Daten verwendet werden.

14. Datensicherheit: Es ist wichtig, angemessene Sicherheitsmaßnahmen zu ergreifen, um die gesammelten Daten vor unbefugtem Zugriff, Verlust oder Missbrauch zu schützen. Dies umfasst die Verschlüsselung von Daten, die Sicherung der Infrastruktur und den Einsatz von sicheren Übertragungsprotokollen.

15. Weitergabe von Daten: Die Weitergabe von Daten an Dritte sollte transparent kommuniziert werden und nur nach Zustimmung des Benutzers erfolgen. Es sollte klar sein, zu welchem Zweck und an wen die Daten weitergegeben werden und wie diese Dritten den Datenschutz gewährleisten.

16. Einhaltung von Datenschutzbestimmungen: Bei der Entwicklung und Nutzung von ChatGPT sollten die geltenden Datenschutzbestimmungen und -gesetze beachtet werden. Dazu gehören beispielsweise die Datenschutz-Grundverordnung (DSGVO) in der Europäischen Union oder vergleichbare

Gesetze in anderen Ländern.

Der Schutz der Privatsphäre und die Wahrung des Datenschutzes sind entscheidende Aspekte bei der Nutzung von ChatGPT. Durch die Implementierung geeigneter Datenschutzmaßnahmen und den respektvollen Umgang mit den Daten der Benutzer kann ein vertrauenswürdiger und sicherer Umgang mit ChatGPT gewährleistet werden.

Vertrauen: Transparenz und Verantwortung

Vertrauen und Verantwortung sind entscheidende Aspekte im Umgang mit ChatGPT. Hier sind einige Überlegungen dazu:

1. Transparenz: Es ist wichtig, den Benutzern gegenüber transparent zu sein, wie ChatGPT funktioniert, welche Daten verwendet werden und welche Entscheidungsprozesse im Modell ablaufen. Transparenz schafft Vertrauen und ermöglicht den Benutzern, die Ausgaben des Modells besser zu verstehen.

2. Verlässlichkeit der Informationen: Es ist

wichtig sicherzustellen, dass die von ChatGPT bereitgestellten Informationen zuverlässig und korrekt sind. Eine sorgfältige Überprüfung der Datenquellen und die Implementierung von Validierungsmechanismen können dazu beitragen, die Qualität der bereitgestellten Informationen zu verbessern.

3. Verantwortungsvolle Nutzung: Die Verantwortung für den Einsatz von ChatGPT liegt bei den Entwicklern, Anwendern und Betreibern. Es ist wichtig, sicherzustellen, dass das Modell nicht für schädliche oder missbräuchliche Zwecke verwendet wird. Es sollten Richtlinien und Verhaltenskodexe entwickelt werden, um sicherzustellen, dass ChatGPT ethisch einwandfrei eingesetzt wird.

4. Feedback und Verbesserungen: Die kontinuierliche Verbesserung von ChatGPT ist entscheidend, um das Vertrauen der Benutzer aufrechtzuerhalten. Durch das Sammeln von Feedback von Benutzern und die Berücksichtigung dieses Feedbacks können Schwachstellen identifiziert und das Modell weiterentwickelt werden.

5. Vertrauenswürdige Sicherheitsmaßnahmen: Der Schutz der Daten und der Privatsphäre der Benutzer ist von großer Bedeutung. Es

sollten robuste Sicherheitsmaßnahmen implementiert werden, um sicherzustellen, dass die Informationen der Benutzer angemessen geschützt sind.

6. Klare Kommunikation: Eine klare und verständliche Kommunikation zwischen dem Modell und den Benutzern ist wichtig, um Vertrauen aufzubauen. Es ist wichtig, die Fähigkeiten und Grenzen von ChatGPT transparent zu kommunizieren, um realistische Erwartungen zu schaffen.

Indem Vertrauen aufgebaut und Verantwortung übernommen wird, kann ChatGPT in einer Weise genutzt werden, die den Benutzern einen Mehrwert bietet und ethische Grundsätze und rechtliche Bestimmungen respektiert.

Perspektiven: Gegenwart und Zukunft

Leistungsverbesserungen sind ein wichtiger Aspekt bei der Weiterentwicklung von ChatGPT. Hier sind einige Möglichkeiten, wie Leistungsverbesserungen erreicht werden können:

1.	Training mit größeren Datensätzen: Durch das Training mit größeren und vielfältigeren Datensätzen kann ChatGPT ein breiteres Wissensspektrum aufbauen und eine verbesserte Fähigkeit zur Beantwortung von Fragen und zur Generierung von Texten entwickeln.

2.	Fine-Tuning: Nach dem grundlegenden Training des Modells kann ein Fine-Tuning-Prozess durchgeführt werden, um spezifische Anwendungsfälle oder Domänen zu verbessern. Durch die Feinabstimmung mit spezifischen Daten kann das Modell besser auf bestimmte Aufgaben oder Branchen zugeschnitten werden.

3.	Optimierung des Modells: Durch die Anpassung der Modellarchitektur, Hyperparameter oder Trainingsmethoden kann die Leistung von ChatGPT weiter verbessert werden. Dies kann eine bessere Antwortqualität, eine höhere Geschwindigkeit oder eine effizientere Nutzung von Ressourcen ermöglichen.

4.	Fehleranalyse und Iteration: Durch die Analyse von Fehlern und Schwachstellen kann

das Modell iterativ verbessert werden. Indem
Fehlermuster identifiziert und behoben werden,
kann die Leistung kontinuierlich optimiert werden.

5.	Multimodale Fähigkeiten: Die
Integration von Multimodalität, d.h. die Fähigkeit,
sowohl visuelle als auch textuelle Informationen zu
verarbeiten, kann die Leistung von ChatGPT
verbessern. Durch die Einbeziehung von Bildern,
Videos oder anderen modalen Datenquellen kann
das Modell besser auf komplexe Anfragen
reagieren.

6.	Benchmarking und Evaluierung:
Durch den Vergleich der Leistung von ChatGPT mit
anderen Modellen oder Benchmark-Datensätzen
können Schwachstellen identifiziert und
Verbesserungsmöglichkeiten aufgezeigt werden.
Eine kontinuierliche Evaluierung der Leistung ist
wichtig, um Fortschritte zu verfolgen und die
Leistungsfähigkeit von ChatGPT zu verbessern.

7.	Durch die Kombination dieser Ansätze
können Leistungsverbesserungen bei ChatGPT
erzielt werden. Es ist ein iterativer Prozess, der
fortlaufende Evaluierung, Anpassung und

Feinabstimmung erfordert, um die bestmögliche Leistungsfähigkeit des Modells zu erreichen.1.Zugriff auf aktualisierte Datenquellen: ChatGPT kann von regelmäßig aktualisierten und vertrauenswürdigen Datenquellen profitieren. Durch den Zugriff auf aktuelle Informationen und Nachrichten kann das Modell auf dem neuesten Stand bleiben und Benutzern aktuelle Antworten liefern

8.   Integration spezifischer Domäneninformationen: Je nach Anwendungsbereich oder Domäne kann das Modell durch die Integration von spezifischem Fachwissen oder spezialisierten Datenquellen verbessert werden. Dies ermöglicht es ChatGPT, in spezifischen Bereichen fundiertere Antworten zu geben und spezifisches Fachwissen einzubringen.

9.   Crowdsourcing von Wissen: ChatGPT kann von der Weisheit der Masse profitieren, indem es Benutzerfeedback und -beiträge einbezieht. Crowdsourcing-Mechanismen können genutzt werden, um neues Wissen zu erfassen, Fehler zu korrigieren oder das Modell mit spezifischen Informationen anzureichern.

10.	Automatisches Lernen aus Benutzerinteraktionen: Durch die Analyse von Benutzerinteraktionen mit ChatGPT können wichtige Erkenntnisse gewonnen und das Modell auf potenzielle Wissenslücken aufmerksam gemacht werden. Diese Informationen können genutzt werden, um das Modell kontinuierlich zu verbessern und sein Wissen zu erweitern.

11.	Zusammenarbeit mit Experten: Die Zusammenarbeit mit Fachexperten in bestimmten Domänen kann dazu beitragen, das Wissen von ChatGPT zu erweitern. Durch den Austausch von Informationen, die Validierung von Antworten und die Integration von Expertenwissen kann das Modell an Genauigkeit und Fachkenntnis gewinnen.

12.	Aktive Wissensintegration: Aktive Strategien können verwendet werden, um ChatGPT dabei zu unterstützen, neues Wissen zu lernen und es effektiv zu integrieren. Dazu gehören Techniken wie Active Learning, bei denen das Modell gezielt mit unklaren oder unsicheren Fragen konfrontiert wird, um sein Wissen zu erweitern.

13.	Die Erweiterung des Wissens von

ChatGPT ist ein fortlaufender Prozess, der verschiedene Ansätze und Quellen nutzt, um das Modell immer besser zu informieren und fundierte Antworten zu ermöglichen. Dieser kontinuierliche Wissenserwerb ist entscheidend, um ChatGPT auf dem neuesten Stand zu halten und den Benutzern hochwertige Informationen zu liefern.

Szenarien: Anpassung und Spezifikationen

Die Anpassung von ChatGPT an spezifische Anwendungsfälle ermöglicht es, das Modell besser auf bestimmte Szenarien, Branchen oder Aufgaben abzustimmen. Hier sind einige Möglichkeiten, wie die Anpassung erfolgen kann:

1. Domänenspezifisches Training: ChatGPT kann durch das Training mit spezifischen Daten aus einer bestimmten Domäne auf diese spezialisiert werden. Durch die Verwendung von domänenspezifischen Texten kann das Modell ein besseres Verständnis für die Fachterminologie und die spezifischen Anforderungen der Domäne entwickeln.

2. Feintuning: Nach dem grundlegenden Training kann ChatGPT durch Feintuning spezifischer Anwendungsfälle oder Aufgaben angepasst werden. Durch die Verwendung von spezifischen Trainingsdaten und die Anpassung der Modellparameter kann die Leistung in einem bestimmten Kontext verbessert werden.

3. Modellarchitektur-Anpassungen: Je nach den

Anforderungen eines spezifischen
Anwendungsfalls können Anpassungen an
der Modellarchitektur vorgenommen werden.
Dies kann die Integration von zusätzlichen
Modulen oder Schichten beinhalten, um
spezielle Funktionen oder Verhaltensweisen
zu unterstützen.

4. Datenfilterung und Präparation: Um ChatGPT
   an einen spezifischen Anwendungsbereich
   anzupassen, kann eine gezielte Filterung
   und Präparation der Trainingsdaten
   durchgeführt werden. Durch die Auswahl
   relevanter Daten und das Entfernen
   irrelevanter oder unerwünschter
   Informationen kann das Modell gezieltere
   Antworten generieren.

5. Integration von Fachwissen: Für spezifische
   Anwendungsfälle kann es erforderlich sein,
   Fachwissen in ChatGPT zu integrieren. Dies
   kann durch die Zusammenarbeit mit
   Fachexperten erfolgen, um das Modell mit
   spezifischem Fachwissen und Regeln
   auszustatten.

6. Evaluation und Anpassung: Die Anpassung
   an spezifische Anwendungsfälle erfordert
   eine kontinuierliche Evaluation und
   Anpassung des Modells. Durch die Analyse
   der Leistung, das Sammeln von

Benutzerfeedback und die Iteration des Trainingsprozesses kann die Anpassung verbessert und optimiert werden.

7. Die Anpassung von ChatGPT an spezifische Anwendungsfälle ermöglicht es, maßgeschneiderte Lösungen für spezifische Anforderungen zu entwickeln und eine verbesserte Leistung in diesen Bereichen zu erzielen. Durch die Berücksichtigung der spezifischen Kontexte und Anforderungen kann ChatGPT effektiver und effizienter eingesetzt werden.

Bedenken: Ethik und Fairness

1. Ethik und Fairness sind wesentliche Aspekte bei der Entwicklung und Anwendung von ChatGPT. Hier sind einige Überlegungen in Bezug auf Ethik und Fairness:

2. Vorurteilsfreie Schulung: Bei der Schulung von ChatGPT ist es wichtig, Vorurteile und Befangenheit zu minimieren. Das Modell sollte auf einer breiten und vielfältigen Datenbasis trainiert werden, um eine möglichst ausgewogene Repräsentation verschiedener Perspektiven, Kulturen und Hintergründe sicherzustellen.

3. Transparenz und Erklärbarkeit: ChatGPT sollte transparent und erklärbar sein. Benutzer sollten verstehen können, wie das Modell funktioniert und welche Annahmen es trifft. Die Transparenz in Bezug auf die Entscheidungsfindung des Modells kann das Vertrauen der Benutzer stärken und potenzielle Vorurteile oder unerwünschtes Verhalten aufdecken.

4. Verantwortung für die Auswirkungen: Entwickler und Betreiber von ChatGPT tragen die Verantwortung für die Auswirkungen des

Modells. Es ist wichtig sicherzustellen, dass das Modell die Benutzerbedürfnisse respektiert, nicht diskriminiert und keinen Schaden verursacht. Ein bewusster Umgang mit potenziellen Risiken und eine kontinuierliche Überwachung der Modellleistung sind erforderlich.

5. Benutzerzentrierter Ansatz: Bei der Entwicklung von ChatGPT sollte der Fokus auf den Benutzern liegen. Die Berücksichtigung der Benutzerbedürfnisse, die Einbeziehung von Feedback und die Gewährleistung eines positiven Benutzererlebnisses sind entscheidend. Ein nutzerzentrierter Ansatz hilft sicherzustellen, dass ChatGPT den Erwartungen der Benutzer gerecht wird und ethische Prinzipien einhält.

6. Ethik-Gremien und externe Überprüfung: Die Einrichtung von Ethik-Gremien oder die externe Überprüfung von ChatGPT kann helfen, potenzielle ethische Herausforderungen zu identifizieren und zu adressieren. Die Einbeziehung verschiedener Perspektiven und Expertisen kann zu einer ausgewogenen Entscheidungsfindung beitragen und potenzielle Vorurteile oder ethische Bedenken aufdecken.

7. Regulatorische und rechtliche

Rahmenbedingungen: ChatGPT sollte im Einklang mit geltenden rechtlichen und regulatorischen Rahmenbedingungen entwickelt und eingesetzt werden. Dies beinhaltet die Einhaltung von Datenschutzbestimmungen, Urheberrechtsrichtlinien und anderen relevanten Gesetzen und Vorschriften.

8. Die Berücksichtigung ethischer Grundsätze und die Sicherstellung von Fairness sind von entscheidender Bedeutung, um sicherzustellen, dass ChatGPT verantwortungsvoll entwickelt und eingesetzt wird. Durch die Integration ethischer Überlegungen können potenzielle Risiken minimiert und positive Auswirkungen auf Benutzer und die Gesellschaft maximiert werden.

Nutzer: Feedback und Optimierung

1. Das Einbeziehen von Nutzerfeedback ist ein wichtiger Bestandteil der Weiterentwicklung von ChatGPT. Hier sind einige Gründe und Möglichkeiten, wie Nutzerfeedback genutzt werden kann:

2. Verbesserung der Leistung: Das Feedback der Benutzer kann helfen, Schwachstellen und Verbesserungspotenziale von ChatGPT aufzudecken. Indem Benutzer ihre Erfahrungen teilen und auf Probleme hinweisen, können Entwickler diese Informationen nutzen, um das Modell zu optimieren und seine Leistungsfähigkeit zu verbessern

3. Identifizierung von Fehlern und Vorurteilen: Nutzerfeedback kann dazu beitragen, Fehler oder unerwünschte Vorurteile im Modell zu identifizieren. Benutzer können auf inkorrekte oder diskriminierende Antworten hinweisen, was es den Entwicklern ermöglicht, die Ursachen zu analysieren und entsprechende Korrekturen vorzunehmen.

4. Kontextbezogene Anpassungen: Nutzerfeedback kann helfen, ChatGPT an

spezifische Kontexte oder Domänen anzupassen. Wenn Benutzer wiederholt Fragen oder Anforderungen stellen, die ChatGPT nicht angemessen beantwortet, kann dies darauf hinweisen, dass das Modell in diesem Kontext angepasst oder erweitert werden muss.

Behebung von Missverständnissen: Oftmals können Missverständnisse zwischen ChatGPT und den Benutzern auftreten. Das Einbeziehen von Nutzerfeedback kann dazu beitragen, diese Missverständnisse zu identifizieren und das Modell besser zu schulen, um die Absichten der Benutzer genauer zu verstehen.

5. Identifizierung von Nutzungsszenarien: Nutzerfeedback kann helfen, neue und relevante Nutzungsszenarien für ChatGPT zu identifizieren. Benutzer können Feedback zu ihren spezifischen Anwendungsfällen oder Anforderungen geben, was den Entwicklern Einblicke in potenzielle Erweiterungen oder Anpassungen des Modells gibt.

6. Aufbau von Vertrauen: Das Einbeziehen von Nutzerfeedback zeigt den Benutzern, dass ihre Meinungen und Erfahrungen wertgeschätzt werden. Dies trägt dazu bei, das Vertrauen in ChatGPT zu stärken und eine

positive Beziehung zwischen den Benutzern
und dem Modell aufzubauen.

7. Es gibt verschiedene Möglichkeiten, wie
   Nutzerfeedback gesammelt werden kann, z.
   B. durch Feedback-Schaltflächen, Umfragen,
   Benutzerstudien oder aktive Interaktionen mit
   den Benutzern. Es ist wichtig, eine klare
   Feedback-Struktur zu schaffen und
   Mechanismen bereitzustellen, damit Benutzer
   ihr Feedback leicht mitteilen können.

8. Durch die aktive Einbeziehung von
   Nutzerfeedback kann ChatGPT kontinuierlich
   verbessert werden, um den Bedürfnissen und
   Erwartungen der Benutzer besser gerecht zu
   werden. Es ermöglicht eine direkte
   Kommunikation zwischen den Benutzern und
   den Entwicklern und fördert die
   kontinuierliche Weiterentwicklung des
   Modells.

Daten: Sicherheit und Vertrauen

Die Sicherheit und das Vertrauen der Benutzer sind von entscheidender Bedeutung bei der Weiterentwicklung von ChatGPT. Hier sind einige Aspekte, die im Zusammenhang mit Sicherheit und Vertrauen berücksichtigt werden sollten:

1 Datenschutz und Privatsphäre: Der Schutz der persönlichen Daten und der Privatsphäre der Benutzer ist von großer Bedeutung. Es ist wichtig sicherzustellen, dass ChatGPT keine sensiblen oder persönlichen Informationen von Benutzern speichert oder unnötig weitergibt. Der Umgang mit Daten sollte im Einklang mit den geltenden Datenschutzbestimmungen und -richtlinien erfolgen.

2 Sicherheit vor Missbrauch: ChatGPT sollte Maßnahmen zur Sicherheit vor Missbrauch implementieren. Dies beinhaltet den Schutz vor bösartigen Angriffen, Spam oder unerwünschtem Verhalten durch Benutzer. Mechanismen wie Content-Filtering, Moderation oder automatische Überprüfungen können dazu beitragen, eine sichere und angemessene Nutzung von ChatGPT zu gewährleisten.

3 Erkennung von Fehlinformationen: ChatGPT sollte darauf ausgelegt sein, Fehlinformationen zu

erkennen und zu vermeiden. Die Weiterentwicklung des Modells sollte darauf abzielen, die Fähigkeit von ChatGPT zu verbessern, genaue und vertrauenswürdige Informationen bereitzustellen. Die Integration von Faktenerkennungssystemen oder die Überprüfung von Quellen können dazu beitragen, die Zuverlässigkeit der Antworten zu erhöhen.

4 Robustheit gegenüber Angriffen: ChatGPT sollte gegen Angriffe wie Adversarial Attacks oder Manipulationsversuche geschützt sein. Durch die Integration von Sicherheitsmechanismen und das kontinuierliche Testen des Modells auf mögliche Schwachstellen können potenzielle Angriffsvektoren minimiert werden.

5 Vertrauenswürdige Interaktion: Die Interaktion zwischen ChatGPT und den Benutzern sollte vertrauenswürdig und zuverlässig sein. Das Modell sollte konsistente Antworten liefern und klar kommunizieren, wenn es bestimmte Fragen nicht beantworten kann oder Unsicherheiten bestehen. Dies hilft, realistische Erwartungen bei den Benutzern zu schaffen und Vertrauen aufzubauen.

6 Kontextbezogene Verwendung: ChatGPT sollte in einem geeigneten Kontext verwendet werden. Es ist wichtig zu betonen, dass ChatGPT ein AI-Modell ist und seine Antworten als Informationsquelle und nicht als endgültige Autorität betrachtet werden sollten. Benutzer sollten sich bewusst sein, dass

ChatGPT möglicherweise nicht immer korrekte oder vollständige Antworten geben kann.

Die Sicherheit und das Vertrauen der Benutzer sind zentrale Aspekte bei der Weiterentwicklung von ChatGPT. Durch die Implementierung von Sicherheitsmechanismen, den Schutz der Privatsphäre, die Vermeidung von Fehlinformationen und die Förderung einer vertrauenswürdigen Interaktion kann das Vertrauen der Benutzer gestärkt und eine sichere Nutzung des Modells gewährleistet werden.

Nutzen: Potenziale und Herausforderungen

Die Potenziale und Herausforderungen von ChatGPT sind vielfältig. Im Folgenden werden einigNutzen: e wichtige Aspekte dieser Potenziale und Herausforderungen beschrieben:

Potenziale von ChatGPT:

1. Effiziente und skalierbare Kommunikation: ChatGPT ermöglicht eine effiziente und skalierbare Kommunikation zwischen Menschen und Maschinen. Es kann eine große Anzahl von Benutzern gleichzeitig bedienen und schnelle Antworten auf ihre Anfragen liefern.

2. 24/7-Verfügbarkeit: Da ChatGPT ein automatisiertes System ist, kann es rund um die Uhr verfügbar sein. Benutzer können jederzeit Fragen stellen oder Unterstützung erhalten, unabhängig von geografischen Standorten oder Zeitplänen.

3. Unterstützung bei Routineaufgaben: ChatGPT kann bei der Bewältigung von Routineaufgaben helfen, indem es häufig

gestellte Fragen beantwortet, Informationen liefert oder Anleitungen gibt. Dadurch können menschliche Ressourcen für komplexere Aufgaben eingesetzt werden.

4. Verbesserung der Kundenerfahrung: ChatGPT kann die Kundenerfahrung verbessern, indem es schnelle und präzise Antworten auf Kundenanfragen liefert. Es kann auch personalisierte Empfehlungen oder maßgeschneiderte Lösungen basierend auf den Bedürfnissen der Benutzer bieten.

5. Sprachliche Vielseitigkeit: ChatGPT ist in der Lage, in verschiedenen Sprachen zu kommunizieren, was eine breite Anwendbarkeit in multikulturellen Umgebungen und globalen Märkten ermöglicht.

Herausforderungen von ChatGPT:

1. Verständnis von Kontext und Absicht: ChatGPT kann Schwierigkeiten haben, den Kontext und die Absicht der Benutzer vollständig zu verstehen. Es kann zu Missverständnissen oder falschen Antworten führen, insbesondere bei komplexen oder mehrdeutigen Anfragen.

2. Fehlinformationen und Voreingenommenheit: ChatGPT kann Fehlinformationen generieren

oder vorhandene Voreingenommenheiten in den Trainingsdaten verstärken. Es ist wichtig, Mechanismen zur Faktenerkennung und zur Minimierung von Voreingenommenheit zu implementieren.

3. Sicherheit und Missbrauch: ChatGPT kann für bösartige Zwecke oder Missbrauch verwendet werden, z. B. zur Verbreitung von Spam, Desinformation oder zur Manipulation von Benutzern. Es ist wichtig, Sicherheitsmechanismen zu implementieren, um solchen Missbrauch zu verhindern.

4. Privatsphäre und Datenschutz: ChatGPT erfordert den Zugriff auf Benutzerdaten, um effektiv zu funktionieren. Es ist wichtig, sicherzustellen, dass Datenschutzrichtlinien eingehalten werden und dass Benutzerdaten vertraulich behandelt werden.

5. Verantwortung und Haftung: Die Verwendung von ChatGPT wirft Fragen der Verantwortung und Haftung auf. Es ist wichtig, klare Richtlinien und Standards für den Einsatz von ChatGPT zu entwickeln, um potenzielle rechtliche oder ethische Probleme anzugehen.

6. Menschliche Überwachung und Intervention: Um sicherzustellen, dass ChatGPT angemessene und ethisch

verantwortungsvolle Antworten generiert, ist
eine menschliche Überwachung und
Intervention erforderlich. Menschliche
Moderatoren können eingreifen, um
unangemessene oder schädliche Inhalte zu
erkennen und zu entfernen.

7. Interoperabilität und Integration: ChatGPT
sollte in bestehende Systeme und Plattformen
integrierbar sein, um eine nahtlose
Interaktion und Zusammenarbeit mit anderen
Anwendungen und Diensten zu ermöglichen.
Eine gute Interoperabilität gewährleistet eine
reibungslose Integration in verschiedene
Nutzungsszenarien.

8. Robustheit gegenüber Angriffen: ChatGPT
sollte gegen Angriffe wie Manipulation oder
Ausnutzung von Schwachstellen geschützt
werden. Es ist wichtig, robuste
Sicherheitsmechanismen zu implementieren,
um die Integrität und Zuverlässigkeit des
Systems zu gewährleisten.

9. Anpassung an verschiedene Domänen und
Branchen: ChatGPT kann sein Potenzial in
verschiedenen Domänen und Branchen
entfalten, erfordert jedoch Anpassungen und
Feinabstimmungen für spezifische
Fachbereiche. Es ist wichtig, das Modell zu
trainieren und zu verbessern, um

branchenspezifisches Wissen und Fachterminologie zu berücksichtigen.

10. Technische Einschränkungen und Skalierbarkeit: Obwohl ChatGPT bereits beeindruckende Leistungen erzielt, gibt es technische Einschränkungen und Herausforderungen, die noch überwunden werden müssen. Dazu gehören die Skalierbarkeit des Modells, die Handhabung großer Datenmengen und die Bewältigung komplexer Anfragen in Echtzeit.

11. Benutzererwartungen und Zufriedenheit: ChatGPT muss in der Lage sein, die Erwartungen der Benutzer zu erfüllen und eine zufriedenstellende Erfahrung zu bieten. Dies erfordert kontinuierliches Feedback und die Integration von Benutzerwünschen, um das Modell kontinuierlich zu verbessern und anzupassen.

12. Transparenz und Interpretierbarkeit: Die Entscheidungsfindung und Funktionsweise von ChatGPT sollte transparent und nachvollziehbar sein, insbesondere in sensiblen Bereichen wie Gesundheitswesen, Recht oder Finanzen. Es ist wichtig, Methoden zur Erklärung und Interpretierbarkeit von ChatGPT-Entscheidungen zu entwickeln.

Die Weiterentwicklung von ChatGPT bietet sowohl
große Potenziale als auch Herausforderungen. Durch
kontinuierliche Verbesserungen in den oben
genannten Bereichen können die Potenziale
maximiert und die Herausforderungen bewältigt
werden, um eine effektive und verantwortungsvolle
Nutzung von ChatGPT zu ermöglichen.

Anwendungen: Chancen und Vorteile

Chancen und Vorteile von ChatGPT sind vielfältig und können verschiedene Bereiche und Anwendungsfälle umfassen. Hier sind einige der wichtigsten Chancen und Vorteile von ChatGPT:

1. Effiziente Kundeninteraktion: ChatGPT ermöglicht Unternehmen, eine effiziente und skalierbare Kundeninteraktion zu erreichen. Es kann große Mengen an Kundenanfragen bearbeiten und schnelle und präzise Antworten liefern, was zu einer verbesserten Kundenerfahrung führt.

2. Automatisierte Unterstützung und Hilfe: ChatGPT kann bei der Bereitstellung automatisierter Unterstützung und Hilfe in verschiedenen Bereichen eingesetzt werden, z. B. beim Kundenservice, technischem Support oder bei der Beantwortung von allgemeinen Fragen. Dies reduziert den Bedarf an menschlicher Intervention und ermöglicht Ressourcen, um sich auf komplexere Aufgaben zu konzentrieren.

3. Persönliche Assistenten: ChatGPT kann als persönlicher Assistent dienen, der Benutzern

bei der Organisation ihres Alltags, der Suche nach Informationen, dem Planen von Terminen oder der Erinnerung an wichtige Aufgaben hilft. Es kann eine interaktive und benutzerfreundliche Erfahrung bieten.

4. Verbesserte Zugänglichkeit: ChatGPT kann dazu beitragen, die Zugänglichkeit von Informationen und Diensten zu verbessern. Es kann Menschen mit unterschiedlichen Fähigkeiten helfen, auf Informationen zuzugreifen und sich mit digitalen Diensten zu verbinden.

5. Sprachliche Vielseitigkeit: ChatGPT kann in verschiedenen Sprachen kommunizieren und ermöglicht damit eine breitere Reichweite und Anwendung in multikulturellen Umgebungen und globalen Märkten.

6. Lernunterstützung: ChatGPT kann als Lernwerkzeug dienen, indem es Schülern und Studenten bei der Beantwortung von Fragen, der Erklärung von Konzepten oder der Bereitstellung von zusätzlichen Lernressourcen unterstützt. Es kann den Lernprozess bereichern und individuelle Unterstützung bieten.

7. Kreative Unterstützung: ChatGPT kann kreative Unterstützung bieten, indem es bei

der Generierung von Ideen, dem Schreiben
von Texten oder dem Lösen von kreativen
Problemen hilft. Es kann als Werkzeug für
kreative Prozesse dienen und neue
Möglichkeiten der Zusammenarbeit
ermöglichen.

8. Zeitersparnis: ChatGPT kann Zeit sparen,
   indem es schnelle Antworten auf Fragen und
   Probleme liefert. Benutzer können sofortige
   Unterstützung erhalten, ohne lange nach
   Informationen suchen oder auf eine
   menschliche Reaktion warten zu müssen.

Es ist wichtig zu beachten, dass trotz der Chancen
und Vorteile von ChatGPT auch Herausforderungen
und Risiken bestehen. Diese müssen berücksichtigt
werden, um die Technologie verantwortungsbewusst
einzusetzen und potenzielle negative Auswirkungen
zu minimieren.

Pflichten: Datenschutz und Privatsphäre

Datenschutz und Privatsphäre sind wichtige Aspekte bei der Entwicklung und Nutzung von ChatGPT. Da ChatGPT auf Benutzerdaten zugreifen und analysieren kann, müssen angemessene Maßnahmen ergriffen werden, um den Schutz der Privatsphäre zu gewährleisten. Hier sind einige Punkte im Zusammenhang mit Datenschutz und Privatsphäre bei ChatGPT:

1. Datensicherheit: Es ist wichtig sicherzustellen, dass die Daten, die von ChatGPT verarbeitet werden, angemessen geschützt sind. Dies umfasst Maßnahmen wie Verschlüsselung, sichere Datenübertragung und Speicherung sowie Schutz vor unbefugtem Zugriff oder Datenlecks.

2. Minimierung von Datenerfassung: Um die Privatsphäre der Benutzer zu respektieren, sollte die Sammlung von Benutzerdaten auf das notwendige Minimum beschränkt werden. Es sollten nur die Informationen erfasst werden, die für den bestimmten Anwendungsfall von ChatGPT erforderlich sind.

3. Anonymisierung und Pseudonymisierung: Wo immer möglich, sollten Benutzerdaten anonymisiert oder pseudonymisiert werden, um die Identifizierung von Benutzern zu erschweren. Dies kann dazu beitragen, das Risiko einer Verletzung der Privatsphäre zu verringern.

4. Einwilligung der Benutzer: Es ist wichtig, die Einwilligung der Benutzer einzuholen, bevor deren Daten für ChatGPT verwendet werden. Benutzer sollten über den Zweck und den Umfang der Datenerfassung informiert werden und die Möglichkeit haben, ihre Zustimmung zu verweigern oder zu widerrufen.

5. Transparenz und Offenlegung: Unternehmen, die ChatGPT einsetzen, sollten transparent darüber informieren, wie Benutzerdaten verwendet und geschützt werden. Eine klare Datenschutzrichtlinie sollte bereitgestellt werden, die die Benutzer über ihre Rechte und Optionen informiert.

6. Datenretention und Löschung: Es sollte eine klare Richtlinie für die Aufbewahrungsdauer von Benutzerdaten festgelegt werden. Nach Ablauf der erforderlichen Aufbewahrungsfrist sollten die Daten sicher gelöscht oder anonymisiert werden, um die Privatsphäre der

Benutzer zu schützen.

7. Vermeidung von Datenweitergabe:
   Benutzerdaten sollten nur für den
   vorgesehenen Zweck verwendet werden und
   nicht ohne Zustimmung des Benutzers an
   Dritte weitergegeben werden. Es ist wichtig
   sicherzustellen, dass die Daten nicht für
   unerwünschte Zwecke missbraucht werden.

8. Einhaltung relevanter Datenschutzgesetze:
   Unternehmen müssen sicherstellen, dass sie
   die geltenden Datenschutzgesetze und
   -vorschriften einhalten, insbesondere in
   Bezug auf den Umgang mit Benutzerdaten.
   Dies umfasst die Einhaltung der
   Bestimmungen der DSGVO (Datenschutz-
   Grundverordnung) in der Europäischen Union
   und anderer Datenschutzgesetze weltweit.

Der Schutz der Privatsphäre und der
verantwortungsvolle Umgang mit Benutzerdaten
sind entscheidend, um das Vertrauen der Benutzer
in ChatGPT und ähnliche Technologien
aufrechtzuerhalten.

Zusätzlich zu den technischen und organisatorischen
Maßnahmen sollten Unternehmen auch transparent
mit den Benutzern kommunizieren und ihnen klare
Informationen darüber geben, wie ihre Daten
verwendet werden. Benutzer sollten die Möglichkeit

haben, ihre Daten einzusehen, zu korrigieren oder
zu löschen, wenn sie dies wünschen.

Die Einhaltung ethischer Grundsätze und die
Berücksichtigung der Privatsphäre der Benutzer sind
nicht nur aus rechtlicher Sicht wichtig, sondern auch
ein wesentlicher Faktor, um das Vertrauen der
Benutzer zu gewinnen und langfristige Beziehungen
aufzubauen.

Es ist zu beachten, dass ChatGPT ein Werkzeug ist,
das von Unternehmen und Entwicklern verwendet
wird, und die Verantwortung für den Schutz der
Privatsphäre liegt bei ihnen. Indem sie bewusst
handeln und die erforderlichen Schritte
unternehmen, können sie die Potenziale von
ChatGPT nutzen und gleichzeitig die Privatsphäre der
Benutzer wahren.

Alltag: Transparenz und Verantwortung

Vertrauen und Verantwortung sind zentrale Aspekte im Umgang mit ChatGPT und ähnlichen KI-Technologien. Um das Vertrauen der Benutzer zu gewinnen und die Technologie verantwortungsvoll einzusetzen, sollten folgende Punkte berücksichtigt werden:

1. Transparenz: Es ist wichtig, transparent über die Funktionsweise von ChatGPT zu informieren und den Benutzern ein Verständnis dafür zu vermitteln, was das System kann und was nicht. Offenlegung von Einschränkungen und potenziellen Fehlern kann das Vertrauen stärken.

2. Verantwortungsvolle Entwicklung: Entwickler und Unternehmen sollten sicherstellen, dass ChatGPT ethische Richtlinien und Grundsätze einhält. Dies bedeutet, dass das System nicht zur Verbreitung von Fehlinformationen, Diskriminierung oder schädlichen Inhalten beitragen sollte. Es sollte darauf geachtet werden, dass das System fair, neutral und ausgewogen agiert.

3. Qualitätskontrolle und Überwachung:

Kontinuierliche Qualitätskontrolle und Überwachung sind entscheidend, um sicherzustellen, dass ChatGPT angemessene und zuverlässige Antworten generiert. Es sollte eine menschliche Überwachung geben, um unangemessene oder schädliche Inhalte zu erkennen und zu korrigieren.

4. Benutzerfeedback: Das Einbeziehen von Benutzerfeedback ist entscheidend, um ChatGPT kontinuierlich zu verbessern und auf die Bedürfnisse der Benutzer einzugehen. Unternehmen sollten Feedback-Mechanismen bereitstellen und auf Rückmeldungen der Benutzer reagieren.

5. Ausgewogenheit zwischen Automatisierung und menschlicher Interaktion: ChatGPT sollte als Werkzeug zur Unterstützung und Ergänzung der menschlichen Interaktion betrachtet werden. Es ist wichtig sicherzustellen, dass die Technologie nicht die menschliche Interaktion vollständig ersetzt, sondern einen Mehrwert bietet und die Effizienz steigert.

6. Schulung der Benutzer: Benutzer sollten über die Grenzen und Fähigkeiten von ChatGPT informiert werden, um realistische Erwartungen zu haben. Es ist wichtig, ihnen dabei zu helfen, die Ergebnisse des Systems

kritisch zu bewerten und die Richtigkeit der Informationen zu überprüfen.

7. Verantwortungsvolle Nutzung: Unternehmen und Entwickler haben die Verantwortung, ChatGPT verantwortungsbewusst einzusetzen und sicherzustellen, dass es nicht zur Verbreitung von Desinformation, Hassrede oder schädlichen Inhalten beiträgt. Es ist wichtig, eine klare Richtlinie für den Einsatz und die Nutzung von ChatGPT zu etablieren.

8. Regulierung und Governance: Es besteht Bedarf an einer angemessenen Regulierung und Governance von KI-Technologien wie ChatGPT, um sicherzustellen, dass sie ethisch und verantwortungsvoll eingesetzt werden. Regierungen, Unternehmen und die Gesellschaft sollten gemeinsam daran arbeiten, Richtlinien und Standards zu entwickeln, um das Vertrauen und die verantwortungsvolle Nutzung von KI-Systemen zu fördern.

Indem diese Aspekte berücksichtigt werden, kann das Vertrauen in ChatGPT gestär

kt werden und die verantwortungsvolle Nutzung der Technologie sichergestellt werden. Dies trägt dazu bei, potenzielle Missbräuche zu verhindern und das Vertrauen der Benutzer in die Technologie aufrechtzuerhalten.

Es ist wichtig anzumerken, dass das Vertrauen und die Verantwortung im Umgang mit ChatGPT nicht nur von den Entwicklern und Unternehmen abhängen, sondern auch von der Gesellschaft als Ganzes. Die Zusammenarbeit zwischen Technologieanbietern, Regierungen, Ethikkommissionen und der Öffentlichkeit ist von entscheidender Bedeutung, um die Chancen von ChatGPT zu maximieren und die Herausforderungen zu bewältigen.

Letztendlich sollten Vertrauen und Verantwortung im Umgang mit ChatGPT und ähnlichen KI-Technologien immer im Einklang mit den ethischen Grundsätzen und den Bedürfnissen der Benutzer stehen. Nur durch eine verantwortungsvolle Nutzung können die Potenziale von ChatGPT in einer Weise erschlossen werden, die den individuellen Datenschutz, die Privatsphäre und die sozialen Auswirkungen angemessen berücksichtigt.

Dynamik: Weiter und weiter

Die Weiterentwicklung von ChatGPT ist ein dynamischer Prozess, der durch kontinuierliche Forschung, Feedback-Schleifen und enge Zusammenarbeit mit der Benutzergemeinschaft vorangetrieben wird. Es erfordert eine Kombination aus technologischen Innovationen, Datenqualität, ethischen Richtlinien und einem tiefen Verständnis der Anforderungen und Bedürfnisse der Benutzer.

1. Leistungsverbesserungen: Ein Schwerpunkt der Weiterentwicklung von ChatGPT liegt auf der Verbesserung seiner Leistungsfähigkeit. Dies umfasst die Optimierung der Antwortgenauigkeit, die Erweiterung des Wissens und die Fähigkeit, komplexe Anfragen besser zu verstehen und zu verarbeiten. Durch kontinuierliche Forschung und Entwicklung können die Fähigkeiten von ChatGPT erweitert werden.

2. Erweiterung des Wissens: ChatGPT kann durch die Integration von umfangreichem und aktuellem Wissen verbessert werden. Durch den Zugriff auf große Wissensdatenbanken, Online-Quellen und aktualisierte Informationen kann ChatGPT fundiertere und

genaue Antworten liefern. Die Erweiterung
des Wissens kann durch den Einsatz von
Techniken des maschinellen Lernens und des
Natural Language Processing (NLP) erreicht
werden.

3. Anpassung an spezifische Anwendungsfälle:
   ChatGPT kann für bestimmte Branchen oder
   Anwendungsbereiche weiterentwickelt und
   angepasst werden. Dies beinhaltet die
   Berücksichtigung von Branchenvokabular,
   spezifischen Kontexten und Anforderungen,
   um benutzerdefinierte und präzise Antworten
   zu generieren. Durch die Anpassung an
   spezifische Anwendungsfälle kann ChatGPT
   effektiver und nützlicher in verschiedenen
   Bereichen eingesetzt werden, wie
   beispielsweise im Kundenservice, im
   Gesundheitswesen oder im Bildungsbereich.

4. Ethik und Fairness: Die Weiterentwicklung von
   ChatGPT sollte auch ethische und faire
   Aspekte berücksichtigen. Dies beinhaltet die
   Vermeidung von Vorurteilen, Diskriminierung
   oder Verbreitung von schädlichen Inhalten. Es
   sollte darauf geachtet werden, dass ChatGPT
   fair, neutral und ausgewogen agiert und keine

ungerechten oder diskriminierenden
Antworten gibt.

5. Sicherheit und Vertrauen: Ein wichtiger
Aspekt der Weiterentwicklung von ChatGPT ist
die Stärkung der Sicherheit und des
Vertrauens. Es sollten Maßnahmen ergriffen
werden, um die Daten- und
Privatsphärensicherheit zu gewährleisten, die
Robustheit gegenüber Angriffen zu verbessern
und das Vertrauen der Benutzer in die
Technologie aufrechtzuerhalten.

6. Benutzerfeedback: Die Weiterentwicklung von
ChatGPT sollte auf das Feedback der Benutzer
reagieren. Durch die Integration von
Feedback-Mechanismen und das
Berücksichtigen der Bedürfnisse und
Anregungen der Benutzer kann ChatGPT
kontinuierlich verbessert werden. Die
Zusammenarbeit mit der
Benutzergemeinschaft ermöglicht es,
Schwachstellen zu identifizieren,
Anforderungen zu verstehen und die
Benutzererfahrung zu optimieren.

7. Sprachverständnis: ChatGPT kann weiterentwickelt werden, um natürliche Sprache besser zu verstehen und komplexe Anfragen präziser zu interpretieren. Durch die Verbesserung des Sprachverständnisses kann ChatGPT genauere und relevantere Antworten liefern.

8. Kontextuelles Verständnis: ChatGPT kann lernen, den Kontext einer Unterhaltung besser zu erfassen und vorherige Fragen oder Antworten in Betracht zu ziehen. Dadurch wird eine kohärente und fließende Konversation ermöglicht, in der ChatGPT auf vorherige Informationen Bezug nehmen kann.

9. Antwortqualität: Die Qualität der generierten Antworten kann verbessert werden, indem bessere Überprüfungsmechanismen eingeführt werden, um sicherzustellen, dass die Antworten korrekt und verlässlich sind. Dies kann durch die Integration von Faktenerfassungssystemen, Validierung von Quellen und die Berücksichtigung von Benutzerfeedback erreicht werden.

10. Präzision und Relevanz: ChatGPT kann weiterentwickelt werden, um präzisere und relevantere Antworten auf spezifische Fragen oder Anfragen zu liefern. Durch die Verbesserung der Datenverarbeitungstechniken, des Kontextverständnisses und des maschinellen Lernens kann die Genauigkeit und Relevanz der Antworten gesteigert werden.

11. Vermeidung von Unsicherheit: ChatGPT kann lernen, unsichere oder spekulative Antworten zu erkennen und stattdessen klare und informative Antworten zu geben. Dies kann durch den Einsatz von Unsicherheitsschätzungen oder den Hinweis auf mögliche Unsicherheiten in den generierten Antworten erreicht werden.

12. Robustheit gegenüber Fehleingaben: ChatGPT kann weiterentwickelt werden, um besser mit unvollständigen oder irreführenden Eingaben umzugehen und sinnvolle Antworten zu generieren. Durch die Integration von Fehlererkennungs- und Fehlerkorrekturmechanismen kann ChatGPT widerstandsfähiger gegenüber ungenauen

oder fehlerhaften Eingaben werden.Sprachverständnis: ChatGPT kann weiterentwickelt werden, um natürliche Sprache besser zu verstehen und komplexe Anfragen präziser zu interpretieren. Durch die Verbesserung des Sprachverständnisses kann ChatGPT genauere und relevantere Antworten liefern.

13.Kontextuelles Verständnis: ChatGPT kann lernen, den Kontext einer Unterhaltung besser zu erfassen und vorherige Fragen oder Antworten in Betracht zu ziehen. Dadurch wird eine kohärente und fließende Konversation ermöglicht, in der ChatGPT auf vorherige Informationen Bezug nehmen kann.

14.Antwortqualität: Die Qualität der generierten Antworten kann verbessert werden, indem bessere Überprüfungsmechanismen eingeführt werden, um sicherzustellen, dass die Antworten korrekt und verlässlich sind. Dies kann durch die Integration von Faktenerfassungssystemen, Validierung von Quellen und die Berücksichtigung von Benutzerfeedback erreicht werden.

15. Präzision und Relevanz: ChatGPT kann weiterentwickelt werden, um präzisere und relevantere Antworten auf spezifische Fragen oder Anfragen zu liefern. Durch die Verbesserung der Datenverarbeitungstechniken, des Kontextverständnisses und des maschinellen Lernens kann die Genauigkeit und Relevanz der Antworten gesteigert werden.

16. Vermeidung von Unsicherheit: ChatGPT kann lernen, unsichere oder spekulative Antworten zu erkennen und stattdessen klare und informative Antworten zu geben. Dies kann durch den Einsatz von Unsicherheitsschätzungen oder den Hinweis auf mögliche Unsicherheiten in den generierten Antworten erreicht werden.

17. Robustheit gegenüber Fehleingaben: ChatGPT kann weiterentwickelt werden, um besser mit unvollständigen oder irreführenden Eingaben umzugehen und sinnvolle Antworten zu generieren. Durch die Integration von Fehlererkennungs- und Fehlerkorrekturmechanismen kann ChatGPT widerstandsfähiger gegenüber ungenauen oder fehlerhaften Eingaben werden.

18. Insgesamt bieten die Weiterentwicklung und Verbesserung von ChatGPT viele Potenziale. Mit einer klaren Ausrichtung auf ethische Grundsätze, Benutzerfeedback, Sicherheit und Anpassungsfähigkeit kann ChatGPT zu einer noch nützlicheren und vertrauenswürdigeren KI-Anwendung werden, die die Interaktion zwischen Mensch und Maschine verbessert und verschiedene Bereiche des täglichen Lebens unterstützt.Insgesamt bieten die Weiterentwicklung und Verbesserung von ChatGPT viele Potenziale. Mit einer klaren Ausrichtung auf ethische Grundsätze, Benutzerfeedback, Sicherheit und Anpassungsfähigkeit kann ChatGPT zu einer noch nützlicheren und vertrauenswürdigeren KI-Anwendung werden, die die Interaktion zwischen Mensch und Maschine verbessert und verschiedene Bereiche des täglichen Lebens unterstützt.

Zukunft: Perspektiven und Pläne

Die Zukunftsperspektiven der künstlichen Intelligenz (KI) und speziell von ChatGPT sind vielfältig und bieten ein breites Spektrum an möglichen Anwendungsszenarien. Hier sind einige Zukunftsperspektiven und potenzielle Anwendungsbereiche:

1. Personalisierte Assistenz: ChatGPT könnte als personalisierter virtueller Assistent dienen, der individuelle Bedürfnisse, Vorlieben und Anforderungen der Benutzer berücksichtigt. Es könnte in verschiedenen Bereichen eingesetzt werden, wie z.B. im Kundenservice, in der Beratung oder als persönlicher Tutor.

2. Kreativitätsunterstützung: ChatGPT kann Kreativität unterstützen, indem es Ideen, Inspiration und Ratschläge in verschiedenen kreativen Bereichen liefert, wie z.B. beim Schreiben, beim Entwerfen von Kunstwerken oder beim Komponieren von Musik.

3. Bildung und Lernen: ChatGPT könnte als Lernwerkzeug eingesetzt werden, um Schülern und Studenten dabei zu helfen, Informationen zu recherchieren, Fragen zu

beantworten und Lerninhalte zu vermitteln. Es könnte auch als virtueller Tutor oder als interaktives Übungswerkzeug dienen.

4. Medizinische Diagnose und Beratung: ChatGPT kann in der medizinischen Diagnose eingesetzt werden, indem es Ärzten und medizinischem Fachpersonal bei der Analyse von Symptomen und der Diagnosestellung unterstützt. Es kann auch in der Patientenberatung eingesetzt werden, um Fragen zu Gesundheitszuständen, Medikamenten oder Behandlungsmöglichkeiten zu beantworten.

5. Sprachübersetzung und Kommunikation: ChatGPT kann als fortschrittliches Übersetzungswerkzeug dienen, um Sprachbarrieren zu überwinden und die Kommunikation zwischen Menschen mit unterschiedlichen Sprachen zu erleichtern. Es könnte auch bei der simultanen Übersetzung von Gesprächen oder Veranstaltungen eingesetzt werden.

6. Unterstützung bei der Entscheidungsfindung: ChatGPT kann Menschen bei der Entscheidungsfindung unterstützen, indem es Informationen, Fakten und Ratschläge bereitstellt. Es könnte in verschiedenen Bereichen eingesetzt werden, wie z.B. im

Finanzwesen, bei der Unternehmensstrategie oder bei politischen Entscheidungen

7. Fortschritte im Deep Learning: Deep Learning ist eine Schlüsseltechnologie in der KI, die es Maschinen ermöglicht, aus großen Datenmengen zu lernen und komplexe Aufgaben zu bewältigen. Fortschritte im Deep Learning haben zu beeindruckenden Ergebnissen in Bereichen wie Bilderkennung, Sprachverarbeitung und maschinellem Übersetzen geführt.

8. Erweitertes maschinelles Lernen: Neben dem Deep Learning gibt es auch andere Ansätze im maschinellen Lernen, die weiterentwickelt werden. Dazu gehören beispielsweise verstärkendes Lernen, Transferlernen und bayessches Lernen. Diese Ansätze ermöglichen es, spezifische Probleme effizienter zu lösen und die Leistungsfähigkeit von KI-Systemen zu verbessern.

9. Naturale Sprachverarbeitung (Natural Language Processing, NLP): NLP befasst sich mit der Verarbeitung und Analyse menschlicher Sprache durch Maschinen. Fortschritte in NLP ermöglichen es KI-Systemen, natürliche Sprache besser zu verstehen, zu interpretieren und zu generieren. Dies hat zu bedeutenden

Verbesserungen in der Textverarbeitung, Spracherkennung, Chatbots und Übersetzung geführt. Ein Beispiel für NLP ist die maschinelle Übersetzung, die natürliche Sprache von einer Sprache in eine andere übersetzt. NLP verwendet dafür Algorithmen, die die Grammatik, den Wortschatz und den Kontext der Sprache berücksichtigen. Maschinelle Übersetzung ist nützlich für die Kommunikation zwischen Menschen, die verschiedene Sprachen sprechen, oder für den Zugang zu Informationen aus anderen Sprachen. NLP ist ein Teilgebiet der künstlichen Intelligenz, das viele andere Anwendungen hat, wie z.B. Spracherkennung,Textzusammenfassung, Sentimentanalyse, Chatbots und mehr. NLP basiert auf Methoden aus der Linguistik, der Informatik und der Mathematik, um natürliche Sprache zu verstehen und zu erzeugen. NLP ist ein spannendes und herausforderndes Gebiet, das ständig neue Fortschritte und Innovationen hervorbringt.

10. Large Language Models (LLM): Large Language Models (LLM) sind maschinelle Lernsysteme, die große Mengen an natürlicher Sprache verarbeiten und generieren können. Sie basieren auf

neuronalen Netzwerken, die aus Millionen oder Milliarden von Parametern bestehen, die anhand von riesigen Textkorpora trainiert werden. LLM können eine Vielzahl von Aufgaben erfüllen, wie z.B. Textverständnis, Übersetzung, Zusammenfassung, Dialog und Texterzeugung. Sie gelten als ein wichtiger Fortschritt in der künstlichen Intelligenz und der natürlichen Sprachverarbeitung.

11. Generative Modelle: Generative Modelle sind KI-Modelle, die in der Lage sind, neue Inhalte zu generieren, wie zum Beispiel Bilder, Texte oder Musik. Fortschritte in generativen Modellen haben zu beeindruckenden Ergebnissen geführt, wie zum Beispiel der Erzeugung von realistisch aussehenden Bildern und der Erstellung von Texten, die von Menschen geschrieben zu sein scheinen.

12. Automatisierung und Robotik: KI wird auch verstärkt in der Automatisierung und Robotik eingesetzt, um Aufgaben zu automatisieren und Robotern die Fähigkeit zu geben, in komplexen Umgebungen zu interagieren und Aufgaben auszuführen. Dies hat Anwendungen in der Industrie, Logistik, Medizin und vielen anderen Bereichen.

13. Erweiterte KI-Anwendungen: KI wird zunehmend in verschiedenen

Anwendungsbereichen eingesetzt, wie zum Beispiel im Gesundheitswesen, der Finanzwelt, dem Verkehrswesen und der Landwirtschaft. Neue Entwicklungen in der KI ermöglichen es, diese Anwendungen weiter zu verbessern und neue Lösungen für komplexe Probleme zu finden.

Diese Liste ist nur ein Auszug aus den vielen Entwicklungen in der künstlichen Intelligenz. Die KI-Community arbeitet kontinuierlich an der Erforschung und Entwicklung neuer Techniken und Anwendungen, um die Leistungsfähigkeit von KI-Systemen weiter zu verbessern und ihre Auswirkungen in verschiedenen Bereichen zu maximieren.

Umgang: ChatGPT und der Mensch

Die Rolle der Menschen in Bezug auf ChatGPT und künstliche Intelligenz im Allgemeinen ist von großer Bedeutung. Obwohl ChatGPT in der Lage ist, menschenähnliche Unterhaltungen zu führen und komplexe Aufgaben zu bewältigen, bleibt die menschliche Interaktion und Überwachung unerlässlich. Hier sind einige wichtige Aspekte zur Rolle der Menschen im Umgang mit ChatGPT:

1. Verantwortung und Aufsicht: Menschen tragen die Verantwortung für die Entwicklung, Implementierung und Überwachung von ChatGPT. Es ist wichtig sicherzustellen, dass ChatGPT ethischen Standards und Richtlinien folgt und keine schädlichen oder irreführenden Informationen verbreitet. Menschen müssen ChatGPT kontinuierlich überwachen, um sicherzustellen, dass es angemessen funktioniert und entsprechend korrigiert wird.

2. Training und Datenbereitstellung: Menschen spielen eine wichtige Rolle bei der Bereitstellung von Trainingsdaten für ChatGPT. Sie müssen qualitativ hochwertige und diverse Daten liefern, um eine ausgewogene und nicht voreingenommene Funktionsweise von ChatGPT sicherzustellen. Menschen können auch dazu beitragen, das Modell zu trainieren und zu verbessern, indem sie Feedback geben und Fehler korrigieren.

3. Kontextualisierung und Interpretation: ChatGPT kann in bestimmten Situationen Schwierigkeiten haben, den Kontext

vollständig zu verstehen oder komplexe
Nuancen zu erfassen. In solchen Fällen
können Menschen den Kontext bereitstellen,
Fragen klären oder zusätzliche Informationen
liefern, um die Kommunikation zu verbessern
und korrekte Antworten zu erhalten.

4. Überwachung von Vorurteilen und
   Verzerrungen: ChatGPT kann Vorurteile oder
   Verzerrungen aus den Trainingsdaten
   aufnehmen und diese in seinen Antworten
   widerspiegeln. Es liegt in der Verantwortung
   der Menschen, solche Vorurteile zu erkennen,
   zu korrigieren und sicherzustellen, dass
   ChatGPT fair und inklusiv agiert.

5. Sicherheit und Missbrauchsvermeidung:
   Menschen müssen sicherstellen, dass
   ChatGPT sicher und vor Missbrauch geschützt
   ist. Dies umfasst den Schutz von Daten, den
   Schutz vor unerwünschten Handlungen oder
   der Verbreitung von schädlichen
   Informationen sowie die Implementierung von
   Mechanismen zur Erkennung und Abwehr von
   Missbrauch oder Manipulation.

6. Weiterentwicklung und Innovation: Menschen
   spielen eine Schlüsselrolle bei der
   Weiterentwicklung von ChatGPT. Durch
   Forschung, Entwicklung und Innovation
   können sie die Fähigkeiten von ChatGPT

erweitern, seine Leistungsfähigkeit verbessern und neue Anwendungsfälle entdecken.

Die Rolle der Menschen ist also unverzichtbar, um die sichere und effektive Nutzung von ChatGPT zu gewährleisten. Menschen können die Stärken von ChatGPT nutzen, um Aufgaben zu automatisieren und Informationen bereitzustellen, während sie gleichzeitig die Verantwortung für die Überwachung, Interpretation und ethische Anwendung tragen. Eine enge Zusammenarbeit zwischen Mensch und Maschine ist der Schlüssel, um die Potenziale von ChatGPT optimal zu nutzen und gleichzeitig mögliche Risiken zu minimieren.

Zentral: Mensch und Maschineninteraktion

Die Mensch-Maschine-Interaktion spielt eine zentrale Rolle bei der Nutzung von ChatGPT und anderen künstlichen Intelligenzsystemen. Hier sind einige wichtige Aspekte der Mensch-Maschine-Interaktion:

1. Kommunikation: Die Interaktion zwischen Menschen und ChatGPT erfolgt in Form von Konversationen. Menschen stellen Fragen, geben Anweisungen oder teilen Informationen mit, während ChatGPT auf diese Eingaben reagiert und Antworten generiert. Eine klare und verständliche Kommunikation zwischen Mensch und Maschine ist entscheidend, um die gewünschten Ergebnisse zu erzielen.

2. Benutzerfreundlichkeit: Die Benutzerfreundlichkeit von ChatGPT spielt eine wichtige Rolle bei der Interaktion. Die Benutzeroberfläche oder das Kommunikationsmedium sollten intuitiv, leicht zu bedienen und ansprechend sein. Menschen sollten in der Lage sein, ChatGPT ohne Schwierigkeiten zu nutzen und ihre Anforderungen effektiv zu kommunizieren.

3. Kontextverständnis: Ein wesentlicher Aspekt

der Mensch-Maschine-Interaktion ist das Verständnis des Kontexts. Menschen können in einer Konversation implizite Informationen übermitteln, die für die richtige Interpretation der Anfragen wichtig sind. ChatGPT sollte in der Lage sein, den Kontext zu erfassen und entsprechend zu reagieren, um genaue und relevante Antworten zu geben.

4. Fehlererkennung und -korrektur: Menschen spielen eine wichtige Rolle bei der Erkennung von Fehlern oder Missverständnissen in den Antworten von ChatGPT. Wenn ChatGPT falsche oder irreführende Informationen liefert, ist es Aufgabe des Menschen, dies zu erkennen und Korrekturen vorzunehmen. Die Fähigkeit zur Fehlererkennung und -korrektur ist wichtig, um die Genauigkeit und Zuverlässigkeit von ChatGPT zu verbessern.

5. Vertrauen und Transparenz: Eine erfolgreiche Mensch-Maschine-Interaktion erfordert Vertrauen zwischen den beiden Parteien. Menschen müssen Vertrauen in die Fähigkeiten und die Zuverlässigkeit von ChatGPT haben, während ChatGPT transparent sein sollte, indem es Informationen über seine Funktionsweise, seine Grenzen und potenzielle Unsicherheiten bereitstellt. Transparenz hilft dabei, Vertrauen

aufzubauen und ermöglicht eine effektive Zusammenarbeit.

6. Interaktionsdesign: Das Design der Interaktion zwischen Mensch und Maschine ist ein wichtiger Faktor für eine positive Nutzererfahrung. Das Interaktionsdesign sollte benutzerzentriert sein und die spezifischen Anforderungen und Bedürfnisse der Benutzer berücksichtigen. Eine sorgfältige Gestaltung der Benutzeroberfläche, der Kommunikationsmöglichkeiten und der Feedback-Mechanismen trägt zu einer effizienten und angenehmen Mensch-Maschine-Interaktion bei.

7. Kontrolle und Autonomie: In der Mensch-Maschine-Interaktion ist es wichtig, dass Menschen die Kontrolle und Autonomie über die Nutzung von ChatGPT behalten. Menschen sollten in der Lage sein, Entscheidungen zu treffen, Anweisungen zu geben und die Interaktion nach Bedarf anzupassen. Es ist wichtig sicherzustellen, dass ChatGPT als Werkzeug dient und die Menschen in ihrer Handlungsfreiheit und Entscheidungsbefugnis unterstützt, anstatt sie zu ersetzen oder zu beeinträchtigen.

8. Zusammenarbeit und Ergänzung: Die Interaktion zwischen Mensch und Maschine

sollte auf Zusammenarbeit und Ergänzung basieren. ChatGPT kann menschliche Fähigkeiten ergänzen und unterstützen, indem es Informationen bereitstellt, Aufgaben automatisiert oder als Werkzeug zur Entscheidungsfindung dient. Eine effektive Zusammenarbeit zwischen Mensch und ChatGPT kann zu verbesserten Ergebnissen führen und die Effizienz steigern.

9. Ethik und Verantwortung: In der Mensch-Maschine-Interaktion ist es wichtig, ethische Grundsätze und Verantwortung zu berücksichtigen. Sowohl Menschen als auch ChatGPT sollten sich an ethische Richtlinien halten und sicherstellen, dass die Interaktion ethisch vertretbar ist. Dies beinhaltet den Schutz der Privatsphäre, die Vermeidung von Diskriminierung und Vorurteilen, den verantwortungsbewussten Umgang mit Daten und die Sicherstellung des Wohlergehens und der Sicherheit der Benutzer.

10. Lernende Interaktion: Eine fortschreitende Entwicklung in der Mensch-Maschine-Interaktion besteht darin, dass ChatGPT aus den Interaktionen mit Menschen lernt und sich verbessert. Durch die Analyse von Benutzerfeedback, das Verstehen von Präferenzen und Bedürfnissen und das

kontinuierliche Lernen aus neuen Informationen kann ChatGPT seine Fähigkeiten erweitern und eine bessere Anpassung an die Benutzerbedürfnisse erreichen.

Die Mensch-Maschine-Interaktion ist ein sich ständig weiterentwickelndes Forschungsgebiet, das eine zunehmend wichtige Rolle in unserem Alltag spielt. Eine erfolgreiche und effektive Interaktion zwischen Menschen und ChatGPT erfordert eine Kombination aus technologischen Fortschritten, menschlicher Kontrolle und ethischen Grundsätzen.

Arbeitsplätze: Entwicklung und Integration

Die Entwicklung und Integration von ChatGPT und künstlicher Intelligenz im Allgemeinen hat sowohl Chancen als auch Herausforderungen für Arbeitsplätze mit sich gebracht. Hier sind einige der wichtigsten Aspekte:

Chancen:

1. Automatisierung von Routineaufgaben: Künstliche Intelligenz und ChatGPT können dazu beitragen, repetitive und zeitaufwändige Aufgaben zu automatisieren. Dies ermöglicht es den Mitarbeitern, sich auf anspruchsvollere und kreative Aufgaben zu konzentrieren, die mehr Mehrwert schaffen.

2. Effizienzsteigerung: Durch den Einsatz von ChatGPT können Unternehmen ihre Produktivität steigern und Prozesse effizienter gestalten. ChatGPT kann beispielsweise im Kundenservice eingesetzt werden, um häufig gestellte Fragen zu beantworten und Support zu bieten, wodurch Ressourcen eingespart werden.

3. Verbesserung der Entscheidungsfindung: ChatGPT kann als Werkzeug zur

Informationsbeschaffung und Entscheidungsunterstützung dienen. Es kann große Mengen an Daten analysieren und relevante Informationen liefern, um fundierte Entscheidungen zu unterstützen.

4. Schaffung neuer Arbeitsmöglichkeiten: Die Einführung von ChatGPT kann auch neue Arbeitsmöglichkeiten schaffen. Es entstehen beispielsweise Berufe wie ChatGPT-Trainer, die für das Training und die Überwachung des Systems verantwortlich sind, sowie für die kontinuierliche Verbesserung der Interaktion zwischen Mensch und Maschine.

Herausforderungen:

1. Arbeitsplatzverluste: Die Automatisierung von Aufgaben kann zu einem Abbau von Arbeitsplätzen führen, insbesondere bei Tätigkeiten, die stark repetitiv und vorhersehbar sind. Dies erfordert Umschulung und Anpassungsfähigkeit der betroffenen Arbeitskräfte, um neue Aufgaben und Rollen zu übernehmen.

2. Kompetenzanforderungen: Mit der Integration von künstlicher Intelligenz werden auch neue Kompetenzen und Fähigkeiten erforderlich. Mitarbeiter müssen in der Lage sein, mit ChatGPT und anderen AI-Systemen zu

interagieren und sie effektiv einzusetzen. Dies erfordert möglicherweise Weiterbildungs- und Schulungsmaßnahmen.

3. Ethik und Verantwortung: Die Nutzung von ChatGPT wirft ethische Fragen auf, insbesondere im Hinblick auf Datenschutz, Privatsphäre, Diskriminierung und Vorurteile. Unternehmen und Organisationen müssen sicherstellen, dass der Einsatz von ChatGPT ethischen Richtlinien folgt und keine schädlichen Auswirkungen hat.

4. Abhängigkeit von Technologie: Die zunehmende Integration von ChatGPT kann dazu führen, dass Unternehmen stark von der Technologie abhängig sind. Dies birgt das Risiko von Störungen oder Ausfällen, die den Arbeitsablauf beeinträchtigen können. Es ist wichtig, Backup-Pläne und Maßnahmen zur Geschäftskontinuität zu haben.

5. Umschulung und Weiterbildung: Unternehmen sollten in die Umschulung und Weiterbildung ihrer Mitarbeiter investieren, um sie auf neue Aufgaben und Rollen vorzubereiten, die im Zuge der Automatisierung entstehen. Mitarbeiter können beispielsweise Fähigkeiten wie Datenanalyse, Interaktion mit künstlicher Intelligenz und Problemlösung entwickeln.

6. Schaffung neuer Arbeitsfelder: Unternehmen
   können neue Arbeitsfelder schaffen, die im
   Zusammenhang mit ChatGPT und künstlicher
   Intelligenz stehen. Dies könnte die
   Entwicklung und Wartung von KI-Systemen,
   die Verwaltung und Überwachung der
   Interaktion mit ChatGPT oder die Analyse und
   Interpretation der von ChatGPT generierten
   Daten umfassen.

7. Betonung menschlicher Fähigkeiten: Während
   ChatGPT repetitive und vorhersehbare
   Aufgaben übernehmen kann, liegt der
   Schwerpunkt weiterhin auf den menschlichen
   Fähigkeiten, die Kreativität, kritisches
   Denken, zwischenmenschliche
   Kommunikation und komplexe Problemlösung
   umfassen. Unternehmen sollten die
   Fähigkeiten ihrer Mitarbeiter hervorheben und
   darauf aufbauen, um einen Mehrwert zu
   schaffen, der über das hinausgeht, was
   ChatGPT allein bieten kann.

8. Ethik und Verantwortung: Unternehmen
   sollten sich der ethischen Implikationen des
   Einsatzes von ChatGPT bewusst sein und
   sicherstellen, dass Richtlinien und Verfahren
   vorhanden sind, um Diskriminierung,
   Vorurteile und Datenschutzprobleme zu
   vermeiden. Dies umfasst auch die

regelmäßige Überprüfung und Überwachung des Systems, um sicherzustellen, dass es den ethischen Standards entspricht.

9. Zusammenarbeit zwischen Mensch und Maschine: Statt die Mensch-Maschine-Interaktion als Konkurrenz zu betrachten, sollten Unternehmen auf eine effektive Zusammenarbeit zwischen Mensch und ChatGPT hinarbeiten. Die Stärken beider Seiten können kombiniert werden, um optimale Ergebnisse zu erzielen. Mitarbeiter können ChatGPT als Werkzeug nutzen, um ihre Aufgaben effizienter zu erledigen und innovative Lösungen zu entwickeln.

10. Flexibilität und Anpassungsfähigkeit: Die Technologie entwickelt sich kontinuierlich weiter, und Unternehmen müssen flexibel und anpassungsfähig sein, um mit den Veränderungen Schritt zu halten. Dies erfordert eine offene Einstellung gegenüber neuen Technologien, die Bereitschaft zur kontinuierlichen Weiterbildung und die Fähigkeit, sich schnell an neue Arbeitsweisen und -prozesse anzupassen.

Indem Unternehmen diese Empfehlungen berücksichtigen, können sie die Chancen, die ChatGPT bietet, optimal nutzen und gleichzeitig die Herausforderungen angehen, um eine positive und

nachhaltige Entwicklung der Arbeitsplätze zu
fördern.

Kommunikation: Kreativität und Empathie

Kreativität und Empathie spielen eine wichtige Rolle in der Kommunikation, insbesondere in der Mensch-Mensch-Interaktion. Sie tragen dazu bei, Verbindungen herzustellen, Verständnis zu fördern und eine effektive Kommunikation zu ermöglichen. Hier ist, wie Kreativität und Empathie die Kommunikation beeinflussen:

1. Kreativität: Kreativität ermöglicht es uns, neue Ideen, Perspektiven und Lösungen zu entwickeln. In der Kommunikation kann Kreativität helfen, komplexe Informationen auf verständliche und interessante Weise zu vermitteln. Kreative Ausdrucksformen wie Geschichten, Metaphern oder visuelle Darstellungen können helfen, komplexe Konzepte zu veranschaulichen und das Interesse und die Aufmerksamkeit der Zuhörer zu wecken. Kreativität ermutigt auch zur Innovation und fördert die Zusammenarbeit und das Denken außerhalb der üblichen Grenzen.

2. Empathie: Empathie ermöglicht es uns, die Gefühle, Bedürfnisse und Perspektiven

anderer Menschen zu verstehen und uns in sie hineinzuversetzen. In der Kommunikation hilft Empathie dabei, eine Verbindung herzustellen und ein Gefühl der Verbundenheit und des Verständnisses zu schaffen. Indem wir uns einfühlsam auf andere einstellen, können wir besser auf ihre Bedürfnisse eingehen, ihre Perspektiven verstehen und unsere Botschaften entsprechend anpassen. Empathie fördert auch ein respektvolles und unterstützendes Kommunikationsklima, in dem Menschen sich gehört und verstanden fühlen.

3. Kreative Empathie: Die Kombination von Kreativität und Empathie kann zu einer noch stärkeren Kommunikation führen. Kreative Empathie bedeutet, kreative Ausdrucksformen zu nutzen, um Empathie zu fördern und Verbindungen herzustellen. Zum Beispiel kann das Verwenden von Geschichten oder Metaphern dazu beitragen, emotionale Resonanz zu erzeugen und komplexe emotionale Zustände oder Erfahrungen besser zu vermitteln. Durch kreative Empathie können wir andere Menschen dazu ermutigen, sich geöffnet zu fühlen und sich mit unseren Botschaften zu identifizieren.

In der Kommunikation zwischen Mensch und

Maschine, wie z.B. bei der Interaktion mit ChatGPT, können Kreativität und Empathie ebenfalls eine Rolle spielen. Obwohl ChatGPT noch nicht über dasselbe Maß an Kreativität und Empathie wie ein Mensch verfügt, können kreative Ansätze und eine einfühlsame Gestaltung der Interaktion dazu beitragen, die Benutzererfahrung zu verbessern. Durch die Berücksichtigung von kreativen Ausdrucksformen und empathischer Gestaltung können ChatGPT und ähnliche Systeme eine menschenähnlichere und ansprechendere Kommunikation ermöglichen.

Insgesamt spielen Kreativität und Empathie eine entscheidende Rolle in der Kommunikation, um Verbindungen herzustellen, Verständnis zu fördern und eine effektive Interaktion zu ermöglichen, sei es in der menschlichen Kommunikation oder in der Kommunikation mit Technologien wie ChatGPT.

Dimensionen: Arbeit und Gesellschaft

Die gesellschaftliche Dimension von ChatGPT ist von großer Bedeutung, da der Einsatz von ChatGPT weitreichende Auswirkungen auf verschiedene Aspekte unserer Gesellschaft haben kann. Hier sind einige der wichtigsten Aspekte der gesellschaftlichen Dimension von ChatGPT:

1. Auswirkungen auf den Arbeitsmarkt: ChatGPT und ähnliche KI-Systeme können zu Veränderungen auf dem Arbeitsmarkt führen. Bestimmte Aufgaben und Tätigkeiten können automatisiert werden, was zu Arbeitsplatzverlusten in einigen Bereichen führen kann. Gleichzeitig können jedoch auch neue Arbeitsmöglichkeiten entstehen, die den Einsatz von ChatGPT erfordern, wie z.B. die Entwicklung und Wartung der Systeme oder die Interaktion mit den Benutzern. Es ist wichtig, die Auswirkungen auf den Arbeitsmarkt zu berücksichtigen und Maßnahmen zu ergreifen, um mögliche negative Auswirkungen abzufedern und die Arbeitskräfte entsprechend umzuschulen und anzupassen.

2. Ethik und Verantwortung: Der Einsatz von
   ChatGPT wirft ethische Fragen auf, die in der
   Gesellschaft diskutiert werden sollten. Dazu
   gehören Fragen der Datenschutz und
   Privatsphäre, Vorurteile und Diskriminierung,
   Transparenz und Verantwortung im Umgang
   mit AI-Systemen. Es ist wichtig, klare
   ethische Richtlinien und Regulierungen zu
   entwickeln, um sicherzustellen, dass der
   Einsatz von ChatGPT ethisch vertretbar ist
   und die Interessen und Rechte der Menschen
   schützt.

3. Zugänglichkeit und Chancengleichheit: Der
   Zugang zu ChatGPT und ähnlichen KI-
   Systemen sollte für alle Menschen
   gewährleistet sein, unabhängig von ihrem
   Hintergrund oder ihrer finanziellen Situation.
   Es ist wichtig sicherzustellen, dass der Einsatz
   von ChatGPT nicht zu einer Vertiefung
   bestehender Ungleichheiten führt, sondern im
   Gegenteil Chancengleichheit und Inklusion
   fördert.

4. Bildung und digitale Kompetenzen: Mit dem
   Einsatz von ChatGPT und anderen KI-
   Systemen werden auch neue Anforderungen
   an die Bildung und die Entwicklung digitaler
   Kompetenzen gestellt. Es ist wichtig
   sicherzustellen, dass die Menschen über die

notwendigen Fähigkeiten und Kenntnisse
verfügen, um mit diesen Technologien
umzugehen und sie effektiv zu nutzen. Dies
erfordert Investitionen in die Bildung,
Schulungen und die Förderung lebenslangen
Lernens.

5. Vertrauen und Transparenz: Um das
   Vertrauen in ChatGPT und KI-Systeme im
   Allgemeinen aufrechtzuerhalten, ist
   Transparenz von entscheidender Bedeutung.
   Die Menschen sollten verstehen können, wie
   ChatGPT funktioniert, wie es trainiert wurde
   und wie es Entscheidungen trifft. Es ist
   wichtig, transparente Erklärungen und
   Berichte bereitzustellen, um das Vertrauen
   der Nutzer zu stärken und möglichen
   Missbrauch vorzubeugen.

6. Auswirkungen auf die Kommunikation und
   den Informationsfluss: ChatGPT hat das
   Potenzial, die Art und Weise, wie Menschen
   miteinander kommunizieren und
   Informationen austauschen, zu beeinflussen.
   Es kann die Art und Weise verändern, wie wir
   Nachrichten lesen, Kundenservice erhalten
   oder auf Online-Inhalte zugreifen. Dies kann
   sowohl positive als auch negative
   Auswirkungen haben. Es ist wichtig,
   sicherzustellen, dass ChatGPT die

Kommunikation unterstützt und den Informationsfluss verbessert, ohne die Qualität und Zuverlässigkeit der Informationen zu beeinträchtigen.

7. Verantwortungsvoller Einsatz in der Öffentlichkeit: Der Einsatz von ChatGPT in der Öffentlichkeit erfordert Verantwortung und Sensibilität. ChatGPT kann verwendet werden, um öffentliche Meinungen zu formen, politische Debatten zu beeinflussen oder Desinformation zu verbreiten. Es ist wichtig, dass der Einsatz von ChatGPT in der Öffentlichkeit transparent ist und den ethischen Grundsätzen und dem Gemeinwohl verpflichtet ist.

8. Langfristige Auswirkungen auf die Gesellschaft: ChatGPT steht noch am Anfang seiner Entwicklung, und seine langfristigen Auswirkungen auf die Gesellschaft sind noch nicht vollständig absehbar. Es ist wichtig, diese Entwicklungen aktiv zu beobachten und die Auswirkungen von ChatGPT auf die sozialen, wirtschaftlichen und politischen Strukturen der Gesellschaft zu analysieren. Dies ermöglicht es, rechtzeitig auf potenzielle Herausforderungen zu reagieren und positive Veränderungen zu fördern.

9. Verantwortungsvolle Governance und

Regulierung: Angesichts der weitreichenden Auswirkungen von ChatGPT ist eine verantwortungsvolle Governance und Regulierung erforderlich. Regierungen und internationale Organisationen sollten klare Regeln und Standards für den Einsatz von ChatGPT festlegen, um eine verantwortungsvolle und ethische Nutzung sicherzustellen. Dies umfasst die Berücksichtigung von Datenschutzbestimmungen, Transparenzanforderungen, Fairness und Diskriminierungsfreiheit sowie Mechanismen zur Rechenschaftspflicht und zum Schutz der Privatsphäre.

Beides: Positiv und negativ

Die Auswirkungen von ChatGPT auf die Gesellschaft können sowohl positiv als auch negativ sein. Hier sind einige mögliche Auswirkungen, die ChatGPT haben könnte:

1. Verbesserte Produktivität und Effizienz: ChatGPT kann repetitive und zeitaufwändige Aufgaben automatisieren, was zu einer gesteigerten Produktivität und Effizienz in verschiedenen Bereichen führen kann. Zum Beispiel kann ChatGPT im Kundenservice eingesetzt werden, um häufig gestellte Fragen zu beantworten und Kundenanfragen zu bearbeiten, was den Arbeitsaufwand reduziert und die Servicequalität verbessert.

2. Zugänglichkeit von Informationen: ChatGPT kann den Zugang zu Informationen erleichtern und die Wissensvermittlung unterstützen. Menschen können ChatGPT verwenden, um Fragen zu stellen und relevante Informationen abzurufen. Dies kann insbesondere für Menschen mit eingeschränktem Zugang zu Bildung oder Ressourcen von Vorteil sein.

3. Verbesserte personalisierte Erfahrungen:

Durch die Verwendung von ChatGPT können personalisierte Erfahrungen und Empfehlungen bereitgestellt werden. ChatGPT kann Benutzerpräferenzen und -verhalten analysieren, um individuell zugeschnittene Antworten und Empfehlungen zu liefern. Dies kann in Bereichen wie E-Commerce, Unterhaltung und Bildung eingesetzt werden.

4. Potenzial für Kreativität und Innovation: ChatGPT kann als Werkzeug dienen, um kreative Ideen zu generieren und innovative Lösungen zu finden. Es kann als Kreativitätsunterstützung dienen, indem es Benutzer bei der Ideenfindung und beim Erkunden neuer Ansätze unterstützt. Dies kann in den Bereichen Kunst, Design, Marketing und vielem mehr von Vorteil sein.

5. Herausforderungen in Bezug auf Vertrauen und Ethik: Der Einsatz von ChatGPT wirft Fragen des Vertrauens und der Ethik auf. Die Authentizität von Informationen und die mögliche Verbreitung von Fehlinformationen sind Aspekte, die berücksichtigt werden müssen. Es besteht die Gefahr von Missbrauch oder Manipulation, insbesondere bei der Erzeugung von gefälschten Inhalten oder bei der Ausnutzung von Vorurteilen in den Daten, auf denen ChatGPT basiert. Es ist

wichtig, Mechanismen zu entwickeln, um diese Herausforderungen anzugehen und sicherzustellen, dass der Einsatz von ChatGPT verantwortungsvoll erfolgt.

6. Arbeitsplatzveränderungen: Der Einsatz von ChatGPT kann zu Veränderungen auf dem Arbeitsmarkt führen. Bestimmte Arbeitsplätze könnten durch Automatisierung ersetzt oder verändert werden. Gleichzeitig könnten jedoch auch neue Arbeitsplätze entstehen, die den Einsatz von ChatGPT erfordern, wie z.B. die Entwicklung und Wartung solcher Systeme. Es ist wichtig, die Auswirkungen auf den Arbeitsmarkt zu berücksichtigen und Strategien zur Umschulung und Anpassung der Arbeitskräfte zu entwickeln.

7. Forschung und Entwicklung: Die kontinuierliche Forschung und Entwicklung im Bereich der Künstlichen Intelligenz, einschließlich ChatGPT, ist entscheidend, um die Technologie weiter zu verbessern und potenzielle Herausforderungen anzugehen. Dies umfasst die Entwicklung von Methoden zur Verbesserung der Verlässlichkeit, Ethik und Transparenz von ChatGPT.

8. Ethik und Governance: Es ist wichtig, ethische Richtlinien und Standards für den Einsatz von ChatGPT zu entwickeln und zu

implementieren. Dies umfasst die Auseinandersetzung mit Fragen der Verantwortung, des Datenschutzes, der Diskriminierungsfreiheit und des Umgangs mit möglichen negativen Auswirkungen. Eine verantwortungsvolle Governance von ChatGPT kann dazu beitragen, das Vertrauen in die Technologie zu stärken und potenzielle Risiken zu minimieren.

9. Bildung und Bewusstsein: Um die Auswirkungen von ChatGPT auf die Gesellschaft zu verstehen und damit umzugehen, ist Bildung und Bewusstseinsbildung von großer Bedeutung. Dies umfasst die Förderung von KI-Literacy und digitaler Kompetenz, um Menschen in die Lage zu versetzen, die Technologie zu verstehen, ihre Auswirkungen zu bewerten und verantwortungsbewusst damit umzugehen.

10. Zusammenarbeit und Dialog: Die gesellschaftliche Dimension von ChatGPT erfordert eine enge Zusammenarbeit zwischen Regierungen, Unternehmen, der Forschungsgemeinschaft, der Zivilgesellschaft und der breiten Öffentlichkeit. Es ist wichtig, einen offenen Dialog und einen kontinuierlichen Austausch zu fördern, um

gemeinsam Lösungen zu erarbeiten, potenzielle Herausforderungen zu identifizieren und positive Entwicklungen zu unterstützen.

Die gesellschaftliche Dimension von ChatGPT ist komplex und vielschichtig. Es erfordert eine proaktive Herangehensweise, um die Chancen zu nutzen und die Herausforderungen zu bewältigen. Indem wir die Auswirkungen von ChatGPT kontinuierlich analysieren, verantwortungsbewusste Governance und Ethik fördern und die Menschen aktiv in den Prozess einbeziehen, können wir sicherstellen, dass ChatGPT zum Wohl der Gesellschaft eingesetzt wird.

Erfolg: Integration und Akzeptanz

Die Integration und Akzeptanz von ChatGPT in der Gesellschaft ist ein wichtiger Aspekt, der berücksichtigt werden muss.

1. Benutzerfreundlichkeit: Um ChatGPT erfolgreich zu integrieren, ist es wichtig, dass die Benutzerfreundlichkeit gewährleistet ist. Die Interaktion mit ChatGPT sollte einfach und intuitiv sein, sodass Benutzer ohne technisches Fachwissen problemlos damit umgehen können. Eine klare und

verständliche Kommunikation sowie eine einfache Bedienung sind entscheidend, um die Akzeptanz zu fördern.

2. Sensibilisierung und Aufklärung: Es ist wichtig, die breite Öffentlichkeit über ChatGPT und seine Anwendungsfelder aufzuklären. Dies beinhaltet die Aufklärung über die Funktionsweise von ChatGPT, seine Grenzen und mögliche Auswirkungen. Durch Sensibilisierungskampagnen und Informationsveranstaltungen können Missverständnisse und Ängste abgebaut werden, und die Akzeptanz von ChatGPT kann gesteigert werden.

3. Transparenz und Erklärbarkeit: Um das Vertrauen der Menschen in ChatGPT zu gewinnen, ist Transparenz von großer Bedeutung. Es sollte klare Richtlinien und Mechanismen geben, um zu erklären, wie ChatGPT funktioniert und wie Entscheidungen getroffen werden. Dies umfasst auch die Offenlegung von Trainingsdaten und -verfahren, um mögliche Vorurteile oder unangemessene Beeinflussungen zu vermeiden.

4. Berücksichtigung von Ethik und Werten: ChatGPT sollte ethischen Grundsätzen und gesellschaftlichen Werten entsprechen. Die

Entwicklung und Anwendung von ChatGPT sollte auf Fairness, Gerechtigkeit, Diskriminierungsfreiheit und dem Schutz der Privatsphäre basieren. Die Integration von ethischen Richtlinien in den Entwicklungsprozess kann dazu beitragen, die Akzeptanz von ChatGPT in der Gesellschaft zu fördern.

5. Dialog und Partizipation: Es ist wichtig, den Dialog und die Partizipation der Menschen in den Integrationsprozess einzubeziehen. Durch den Austausch von Ideen, Meinungen und Bedenken können verschiedene Perspektiven berücksichtigt werden. Dies kann in Form von Konsultationen, öffentlichen Diskussionen oder Beteiligungsverfahren geschehen. Eine inklusive und partizipative Herangehensweise fördert die Akzeptanz von ChatGPT und stärkt das Vertrauen der Menschen.

6. Rechtliche Rahmenbedingungen: Es ist wichtig, dass die Integration von ChatGPT in der Gesellschaft durch angemessene rechtliche Rahmenbedingungen unterstützt wird. Dies umfasst Datenschutzbestimmungen, Transparenzanforderungen, Haftungsregelungen und ethische Richtlinien. Eine klare rechtliche Grundlage schafft

Sicherheit und fördert die Akzeptanz von ChatGPT.

Die Integration und Akzeptanz von ChatGPT in der Gesellschaft erfordert eine ganzheitliche Herangehensweise, bei der sowohl technische als auch soziale und rechtliche Aspekte berücksichtigt werden. Indem wir die Bedenken der Mensche

ernst nehmen, aufklären, Transparenz gewährleisten und die Menschen aktiv in den Prozess einbeziehen, können wir eine breitere Akzeptanz von ChatGPT in der Gesellschaft erreichen. Es ist wichtig, die Vorteile und Potenziale von ChatGPT zu kommunizieren, gleichzeitig aber auch auf mögliche Risiken und Herausforderungen hinzuweisen. Eine offene und transparente Kommunikation kann dazu beitragen, Vertrauen aufzubauen und Bedenken zu adressieren.

Darüber hinaus ist es von großer Bedeutung, eine gerechte und inklusive Integration von ChatGPT zu fördern. Dies bedeutet, sicherzustellen, dass ChatGPT für verschiedene Bevölkerungsgruppen zugänglich ist und keine bestehenden sozialen Ungleichheiten verstärkt. Es ist wichtig, etwaige Vorurteile oder Diskriminierungsfaktoren in den Daten, auf denen ChatGPT basiert, zu identifizieren und zu minimieren.

Die Integration von ChatGPT in der Gesellschaft erfordert einen kontinuierlichen Dialog zwischen verschiedenen Akteuren wie Entwicklern, Regulierungsbehörden, Unternehmen, Forschern, Aktivisten und der Öffentlichkeit. Durch eine enge Zusammenarbeit und einen offenen Austausch können wir gemeinsam die Auswirkungen von ChatGPT auf die Gesellschaft gestalten und sicherstellen, dass diese Technologie zum Wohl aller eingesetzt wird.

Förderung: Bildung und Sensibilisierung

Die Bildung und Sensibilisierung im Umgang mit ChatGPT ist von großer Bedeutung, um die Menschen auf die Verwendung und mögliche Auswirkungen dieser Technologie vorzubereiten. Hier sind einige Ansätze, wie Bildung und Sensibilisierung gefördert werden können:

1. KI-Literacy: Es ist wichtig, das Bewusstsein und das Verständnis für Künstliche Intelligenz im Allgemeinen zu erhöhen. Dies kann durch Schulungen, Workshops und Informationsveranstaltungen erfolgen, die Grundlagen über Künstliche Intelligenz, Machine Learning und ChatGPT vermitteln.

Die Menschen sollten die Grundprinzipien,
Funktionsweisen und Grenzen von ChatGPT
verstehen, um die Technologie angemessen
nutzen zu können.

2. Schulische Bildung: Die Integration von
   Künstlicher Intelligenz und ChatGPT in den
   Lehrplan von Schulen kann dazu beitragen,
   jungen Menschen frühzeitig Kenntnisse und
   Kompetenzen im Umgang mit dieser
   Technologie zu vermitteln. Dies kann in Form
   von fachspezifischen Kursen oder
   interdisziplinären Ansätzen geschehen, um ein
   grundlegendes Verständnis von Künstlicher
   Intelligenz und ethischen Aspekten zu
   fördern.

3. Hochschulbildung: In der Hochschulbildung
   sollten Studierende die Möglichkeit haben,
   sich intensiver mit Künstlicher Intelligenz und
   ChatGPT auseinanderzusetzen. Es können
   spezialisierte Kurse oder Studiengänge
   angeboten werden, die tiefergehendes Wissen
   und Fähigkeiten im Bereich der Entwicklung,
   Anwendung und Ethik von ChatGPT
   vermitteln.

4. Öffentlichkeitsarbeit und
   Informationskampagnen: Medien,
   Regierungen und Organisationen können
   Informationskampagnen starten, um die

breite Öffentlichkeit über ChatGPT und seine potenziellen Auswirkungen zu informieren. Dies kann in Form von Artikeln, Videos, Webinaren oder öffentlichen Diskussionen geschehen, um Menschen über die Chancen, Herausforderungen und ethischen Aspekte von ChatGPT aufzuklären.

5. Ethik und Verantwortungsbewusstsein: Die Sensibilisierung für ethische Fragen im Umgang mit ChatGPT ist von großer Bedeutung. Dies umfasst die Diskussion über Fragen der Diskriminierung, des Datenschutzes, der Privatsphäre und der sozialen Auswirkungen. Ethik-Workshops und Diskussionen können dazu beitragen, ein Bewusstsein für die Verantwortung im Umgang mit ChatGPT zu schaffen und den Menschen die Werkzeuge zu geben, um ethische Entscheidungen zu treffen.

6. Interdisziplinäre Zusammenarbeit: Die Bildung und Sensibilisierung im Umgang mit ChatGPT erfordert eine interdisziplinäre Zusammenarbeit zwischen den Bereichen der Technologie, Ethik, Rechtswissenschaften, Sozialwissenschaften und anderen relevanten Disziplinen. Der Austausch von Wissen und Perspektiven kann zu einer ganzheitlichen Betrachtung von ChatGPT beitragen und dazu

beitragen, dass die Menschen besser darauf vorbereitet sind, die Technologie verantwortungsbewusst zu nutzen.

Es ist wichtig, die Menschen dazu zu ermutigen, sich aktiv mit ChatGPT auseinanderzusetzen und ihre Kenntnisse und Fähigkeiten kontinuierlich zu erweitern. Dies kann durch die Bereitstellung von Ressourcen, Online-Kursen, Schulungen und Weiterbildungsmöglichkeiten unterstützt werden.

Darüber hinaus ist es wichtig, eine Kultur des kritischen Denkens und der verantwortungsvollen Nutzung von ChatGPT zu fördern. Die Menschen sollten befähigt werden, die Ergebnisse von ChatGPT zu hinterfragen, Vorurteile zu erkennen und die Grenzen der Technologie zu verstehen. Dies kann durch die Entwicklung von Fähigkeiten wie Informationsbewertung, Quellenkritik und Analyse von Ergebnissen erreicht werden.

Die Sensibilisierung im Umgang mit ChatGPT sollte nicht nur auf individueller Ebene stattfinden, sondern auch auf organisationaler und gesellschaftlicher Ebene. Unternehmen und Organisationen sollten Schulungen und Richtlinien entwickeln, um sicherzustellen, dass ihre Mitarbeiterinnen und Mitarbeiter ChatGPT ethisch und verantwortungsvoll nutzen. Gesetzgeber und Regulierungsbehörden sollten sich mit den Auswirkungen von ChatGPT auf die Gesellschaft auseinandersetzen und angemessene rechtliche Rahmenbedingungen schaffen.

Insgesamt ist die Bildung und Sensibilisierung im Umgang mit ChatGPT ein wichtiger Schritt, um sicherzustellen, dass die Technologie auf positive und verantwortungsvolle Weise genutzt wird. Es geht darum, die Menschen dazu zu befähigen, die Vorteile von ChatGPT zu nutzen, die Risiken zu verstehen und die Auswirkungen auf die Gesellschaft zu berücksichtigen. Durch Bildung und Sensibilisierung können wir eine informierte und verantwortungsvolle Nutzung von ChatGPT fördern und die Chancen maximieren, die diese Technologie bietet.

Integration: Fazit und Perspektive

ChatGPT befindet sich in einem ständigen Entwicklungsprozess, und es ist wahrscheinlich, dass die Technologie in den kommenden Jahren noch weiter verbessert und erweitert wird. Neue Modelle und Algorithmen werden entwickelt, um die Leistungsfähigkeit von ChatGPT zu steigern und möglicherweise neue Anwendungsbereiche zu erschließen. Dabei müssen jedoch immer ethische und rechtliche Aspekte berücksichtigt werden.

Die gesellschaftliche Integration von ChatGPT wird

ebenfalls eine wichtige Rolle spielen. Eine breite Akzeptanz und Nutzung von ChatGPT erfordert eine kontinuierliche Aufklärung und Sensibilisierung der Öffentlichkeit, um Verständnis und Vertrauen aufzubauen. Gleichzeitig müssen angemessene Schutzmechanismen und Regulierungen entwickelt werden, um Datenschutz, Privatsphäre und Fairness zu gewährleisten.

Die Mensch-Maschine-Interaktion wird weiterhin an Bedeutung gewinnen. Es ist wichtig, dass ChatGPT als Werkzeug betrachtet wird, das die Fähigkeiten und Kreativität der Menschen ergänzt, anstatt sie zu ersetzen. Die Zusammenarbeit zwischen Mensch und Maschine kann zu innovativen Lösungen führen und neue Möglichkeiten für kreative und empathische Kommunikation eröffnen.

Insgesamt bietet ChatGPT enorme Potenziale, birgt jedoch auch Herausforderungen und Verantwortung. Durch eine verantwortungsvolle Entwicklung, den Schutz von Datenschutz und Privatsphäre, den Aufbau von Vertrauen und die aktive Einbeziehung der Menschen können wir sicherstellen, dass ChatGPT zum Wohl der Gesellschaft eingesetzt wird und ihr Nutzen maximiert wird.

1. Potenziale und Vorteile: ChatGPT bietet eine Vielzahl von Chancen und Vorteilen, darunter die Verbesserung der Leistungsfähigkeit von Sprach-KI, die Erweiterung des Wissens und

die Anpassung an spezifische Anwendungsfälle. Es kann bei der Automatisierung von Aufgaben, der Unterstützung von Kundenservice, der Sprachübersetzung und vielem mehr eingesetzt werden.

2. Ethische und rechtliche Überlegungen: Bei der Nutzung von ChatGPT müssen ethische und rechtliche Aspekte berücksichtigt werden. Fragen der Diskriminierung, der Verantwortung für generierte Inhalte und der Transparenz bei der Verwendung von ChatGPT sind von großer Bedeutung.

3. Datenschutz und Privatsphäre: Der Schutz von Daten und der Respekt vor der Privatsphäre der Nutzer sind entscheidende Faktoren bei der Verwendung von ChatGPT. Mechanismen zur Datensicherheit, Anonymisierung und Einhaltung von Datenschutzbestimmungen müssen implementiert werden.

4. Vertrauen und Verantwortung: Es ist wichtig, ein Vertrauensverhältnis zwischen den Nutzern und ChatGPT aufzubauen. Transparenz bei der Funktionsweise von ChatGPT, klare Kommunikation über die Grenzen der Technologie und die Übernahme von Verantwortung bei der Nutzung sind

entscheidend.

5. Weiterentwicklung: Die Weiterentwicklung von ChatGPT konzentriert sich auf die Verbesserung der Leistungsfähigkeit, die Erweiterung des Wissens und die Anpassung an spezifische Anwendungsfälle. Neue Modelle, Algorithmen und Anwendungsbereiche werden erforscht.

6. Gesellschaftliche Auswirkungen: ChatGPT hat Auswirkungen auf die Gesellschaft, einschließlich der Integration und Akzeptanz in verschiedenen Bereichen wie Bildung, Arbeitsplatz und Alltag. Eine angemessene Sensibilisierung, Bildung und Regulierung sind erforderlich, um die Auswirkungen zu verstehen und verantwortungsvoll zu handeln.

7. Mensch-Maschine-Interaktion: Die Zusammenarbeit zwischen Mensch und Maschine ist entscheidend, um die Vorteile von ChatGPT zu maximieren. Kreativität, Empathie und kritische Denkfähigkeiten des Menschen sollten in den Interaktionsprozess einbezogen werden.

8. Bildung und Sensibilisierung: Die Bildung und Sensibilisierung im Umgang mit ChatGPT sind von großer Bedeutung, um die Menschen auf die Verwendung und mögliche Auswirkungen

vorzubereiten. Dies beinhaltet KI-Literacy, Schulbildung, Hochschulbildung, Öffentlichkeitsarbeit und Ethik-Workshops.

9. Verantwortungsvoller Einsatz: Der verantwortungsvolle Einsatz von ChatGPT erfordert eine kontinuierliche Bewertung ethischer und rechtlicher Aspekte sowie den Schutz von Datenschutz und Privatsphäre. Die Menschen und Organisationen sollten die Verantwortung übernehmen, ChatGPT verantwortungsvoll zu nutzen.

Insgesamt bietet ChatGPT ein enormes Potenzial, um die Art und Weise, wie wir kommunizieren und interagieren, zu verändern. Es eröffnet neue Möglichkeiten für effizientere Arbeitsprozesse, personalisierte Dienstleistungen und innovative Lösungen. Gleichzeitig sind jedoch auch Herausforderungen zu bewältigen, insbesondere in Bezug auf ethische und rechtliche Aspekte, Datenschutz und Privatsphäre sowie die gesellschaftliche Integration.

Um das volle Potenzial von ChatGPT auszuschöpfen und die damit verbundenen Herausforderungen zu bewältigen, ist eine enge Zusammenarbeit zwischen Entwicklern, Unternehmen, Regulierungsbehörden und der Gesellschaft insgesamt erforderlich. Es ist wichtig, klare Richtlinien und Regulierungen zu schaffen, die den verantwortungsvollen Einsatz von

ChatGPT gewährleisten. Gleichzeitig sollten Bildungsprogramme und Sensibilisierungsmaßnahmen implementiert werden, um die Menschen über die Funktionsweise, die Risiken und die Vorteile von ChatGPT aufzuklären.

Die Gesellschaft muss sich aktiv mit den Auswirkungen von ChatGPT auseinandersetzen und darüber diskutieren, wie diese Technologie unsere Lebensbereiche beeinflusst. Es ist wichtig, dass die Menschen die Kontrolle über den Einsatz von ChatGPT behalten und Entscheidungen treffen können, die im Einklang mit ihren Werten und Bedürfnissen stehen.

In Zukunft wird es auch entscheidend sein, ChatGPT kontinuierlich weiterzuentwickeln und zu verbessern, um den sich wandelnden Anforderungen und Bedürfnissen gerecht zu werden. Neue Modelle und Algorithmen werden erforscht, um die Leistungsfähigkeit und Effektivität von ChatGPT zu steigern.

Wissen: Infos und Literatur

Hier sind einige Ressourcen und weiterführende Literatur, die Ihnen helfen können, Ihr Verständnis von ChatGPT und verwandten Themen zu vertiefen:

1. OpenAI Website: Die offizielle Website von OpenAI bietet Informationen über ChatGPT und andere KI-Modelle. Hier finden Sie technische Dokumentation, Blogbeiträge und Forschungsarbeiten: https://openai.com/

2. "Language Models are Unsupervised Multitask Learners" (GPT-3 Paper): Dieses wissenschaftliche Papier von OpenAI stellt das GPT-3-Modell vor und beschreibt die Funktionsweise und Leistung des Modells. Es bietet einen Einblick in die Architektur und die verwendeten Methoden: https://cdn.openai.com/better-language-models/language_models_are_unsupervised_multitask_learners.pdf

3. "AI Now Institute Report 2021": Dieser Bericht des AI Now Institute untersucht die sozialen Auswirkungen von KI-Systemen und behandelt auch ethische und gesellschaftliche Fragen im Zusammenhang mit KI-Modellen wie ChatGPT:

https://ainowinstitute.org/AI_Now_2021_Rep
ort.pdf

4. "The Alignment Problem" von Brian Christian:
   Dieses Buch untersucht die
   Herausforderungen der KI-Entwicklung und
   diskutiert Fragen der Ethik, Sicherheit und
   Governance. Es enthält auch einen Abschnitt
   über Chatbots und KI-Systeme:
   https://www.penguinrandomhouse.com/book
   s/600883/the-alignment-problem-by-brian-
   christian/

5. "The Big Nine" von Amy Webb: In diesem
   Buch untersucht die Autorin die wachsende
   Dominanz von KI-Unternehmen und deren
   Auswirkungen auf die Gesellschaft. Sie
   beleuchtet auch die ethischen und sozialen
   Implikationen von KI-Technologien:
   https://www.publicaffairsbooks.com/titles/am
   y-webb/the-big-nine/9781541773752/

6. "Superintelligence: Paths, Dangers,
   Strategies" von Nick Bostrom: Dieses Buch
   erforscht das Konzept der Superintelligenz
   und diskutiert mögliche Risiken und
   Herausforderungen bei der Entwicklung von
   KI-Systemen:
   https://www.oxfordmartin.ox.ac.uk/superintel
   ligence

7. "Ethics of Artificial Intelligence and Robotics"
   (IEEE-RAS Report): Dieser Bericht des IEEE-
   RAS (Institute of Electrical and Electronics
   Engineers - Robotics and Automation Society)
   untersucht die ethischen Herausforderungen
   von KI und Robotik und enthält Beiträge von
   verschiedenen Experten:
   https://ethics.ieee.org/ieee-ras-technical-
   committee-on-robot-ethics

Diese Ressourcen bieten Ihnen einen guten Einstieg
in das Thema und können Ihnen helfen, weitere
Informationen und Einblicke zu gewinnen. Sie
können auch weitere wissenschaftliche
Publikationen, Forschungsarbeiten und
Fachzeitschriften zu KI und verwandten Themen
erkunden, um Ihr Wissen zu erweitern.

__________________________-